東北大学大学入試研究シリーズ

# 大学入試を設計する

金子書房

# 「東北大学大学入試研究シリーズ」の刊行に当たって

わが国において，大学入試というテーマは，誰しもが一家言を持って語ることができる身近な話題である反面，一部の例外を除き，研究者が専門的に研究すべきテーマとはみなされていませんでした。圧倒的多数の人にとって試験や入試は思い出したくない嫌な記憶でしょうから，必然的に大学入試は「好ましくないもの」という位置付けで語られ続けることになります。一方，時代によって機能の大きさや役割が変化するとはいえ，大学入試は多くの人の将来を定めるものであり，社会の未来を担う若者を育てる教育の一環として社会的に重要な位置を占める制度です。

1999年（平成11年）４月，東北大学アドミッションセンターは国立大学で初めてAO入試を実施する専門部署の一つとして発足しました。それは同時に，大学に設けられた初の大学入学者選抜（大学入試）研究の専門部署の誕生でした。東北大学アドミッションセンターの設立から20年が経過し，各大学に教員を配置して入試を専管する部署が普及してきました。個々の大学を見れば，その位置付けや期待されている機能は様々ですが，大学入試が単なる大学事務の一部ではなく，専門性を持った分野として捉えられつつあることは喜ばしい環境の変化と感じています。この度，令和元～令和４年度（2019～2022年度）日本学術振興会科学研究費補助金挑戦的研究（開拓）「『大学入試学』基盤形成への挑戦――真正な評価と実施可能性の両立に向けて――」（課題番号19H05491）の助成を受けたことをきっかけに，10年以上に渡って温めてきた学問としての「大学入試学（Admission Studies）」の創設に向けて，具体的な歩みを始める時が来たと感じました。その証として，これまで刊行された文献に書下ろしの論考を加え，「東北大学大学入試研究シリーズ」を創刊することとしました。大きく変動する社会の中で，実務の最前線で行うべきことは何かを識（し）るとともに，「百年の大計」の下で教育における不易（変えるべきではないもの）と流行（変えるべきもの）を見据える一つの参照軸を創生することを目指します。

2020年１月　シリーズ監修　倉元直樹

# 序　章

## 大学入試の新たな「均衡点」を求めて

宮本　友弘

本書は「東北大学大学入試研究シリーズ」の第５巻という位置づけにある。第３巻『変革期の大学入試』と同様に，令和２年（2020年）９月23日に開催された「第32回東北大学高等教育フォーラム　大学入試を設計する――『大学入試研究』の必要性とその役割――」の基調講演，現状報告，討議の内容を基に書き下ろされた原稿に，招待参加者[1]によるテーマに関連した論考を加えた構成になっている。なお，今回のフォーラムは，新型コロナウイルス感染症（COVID-19）拡大防止のため，開催時期を例年の５月から９月に延期し，また，来場参加は東北地方在住者に限定し，それ以外の者はオンライン参加とするハイブリッド形式で実施された。

第32回フォーラムのテーマは，個別大学における「入試研究」であった。その背景には，令和元年（2019年）末に，大学入学共通テストでの英語民間試験[2]の活用と記述式問題の導入が見送られたことがある。突如としてなされた方針転換は，各大学に大きな混乱をもたらした。その一方で，たとえ国の方針といえども，こと入試に限っては無批判に受け入れるのではなく，「受験生保護の大原則」（倉元，2019）のもと，十分な時間をかけた慎重な議論が必要だったことを痛感させた。そして，裏づけとなるエビデンスや，その産出を担う研究組織の重要性があらためて浮き彫りにもなった。かくして，適切な入試制度を設計する上で，入試研究がどうあるべきかを探るべく，このフォーラムは企画された。

本書は４部から構成される。第１部は，入試設計におけるエビデンスの重

---

1　東北大学高等教育フォーラムでは，東北地方各県の高校教員と，テーマに造詣の深い大学教員等を「招待参加者」として招聘している。高校教員には「講評」をフォーラムの報告書に，また，大学教員等にはテーマに関連した論考を書籍に寄稿していただいている。

2　同一の内容について「英語資格・検定試験」，「英語外部試験」，「英語認定試験」などが混用されている。本書では基本的に「英語民間試験」と表記する。

要性を示唆する3つの論考からなる。第1章では，筆者が，エビデンスの一般的な諸側面と東北大学での実践を踏まえながら，「大学入試学（admission studies)」（倉元，2020）の意義と実際，今後の課題について論じている。第2章では，中村高康氏が，教育社会学の観点から，シミュレーションや質問紙調査によるデータに基づいて，高大接続改革の理念に内在する根本的な問題を批判的に検討している。第3章では，脇田貴文氏が，心理計量学の観点から，主体性評価における妥当性と信頼性に関する課題を析出し，解決策を提案している。

第2部は，個別大学における入試研究・設計の担い手や実践について述べた3つの論考からなる。第4章では，林篤裕氏が，多面的・総合的評価の司令塔として期待されているアドミッション・オフィスの機能，研究すべきテーマ，教職員に求められるスキルについて網羅的に整理・検討している。第5章では，島田康行氏が，国立大学として初めて設立されたアドミッションセンターの1つである，筑波大学アドミッションセンターが20年にわたって取り組んできた研究と実践の軌跡を詳らかにしている。第6章では，安成英樹氏が，自らが主導したお茶の水女子大学の総合型選抜「新フンボルト入試」の設計から軌道に乗せるまでの悪戦苦闘の過程と，今後の展望について忌憚なく述べている。

第3部は，入試改革に対する高校教員の認識や実践について述べた2つの論考からなる。第7章では，杉山剛士氏が，校長経験と教育者としての良識に依拠しながら，高大接続改革が混迷に至った真相を追求し，解決策を提案している。第8章では，笠井敦司氏が，今後の入試で問われる生徒の資質・能力を育成するために，これまでの「入試対策」をいかに転換すべきかを，勤務校での実践を基に論じている。

第4部では，今後の大学入試を展望するために，第9章として，本書のベースとなった第32回フォーラムでの討議の記録を収載した。また，第10章では，倉元直樹氏が，高大接続改革を，「多様化」という同じ理念のもと進められた韓国，台湾，中国の大学入試改革と比較検討することによって，現状を再認識するための新たな視点を提起している。

終章では，編者の1人である久保沙織氏が，心理統計学の観点から，良質なエビデンスを産出するための入試研究の技術的な要件として，あらためて，測定における「妥当性」の重要性を論じている。

以上の通り，本書では，入試設計やその礎となる入試研究において考慮すべき諸要素，すなわち，エビデンス（第1部，終章），担い手（第2部），ステークホルダー（第3部），理念・展望（第4部）について，様々な観点・立場から検討している。もちろん，入試設計において，考慮すべき要素や要素内の観点・立場はこれだけにとどまらない。

それだけに入試設計において忘れてはならない事実がある。それは，大学入試においては，誰も納得する「正解」がないことである。立場の違い，理念の違い，理念と実施のギャップ等，葛藤が生じるのである。そうした葛藤の中，どう折り合いをつけ，コンセンサスを得るかが，現実的には最重要課題となる。もっと言えば，設計担当者の「腕の見せどころ」となる。

この点について，倉元（2014）は，大学入試は「妥協の芸術」と表現している。的を射た名言である。そして，COVID-19への対応という新たな要素も加わった現在，「『妥協の芸術』としての入試に新たな均衡点を模索するということが，これからの入試設計に必要となってくる」（倉元，2021，p.14）。この「妥協の芸術」という，現実的かつメタ的な観点から本書を読むことで，読者の認識が深まることを期待したい。本書が，国や個別大学の入試設計担当者をはじめ，ステークホルダーである高校教員，保護者，そして，高校生，受験生の一助になれば幸いである。

本書の出版にあたっては，金子書房の井上誠氏にはたいへんお世話になりました。本書のベースになった第32回フォーラムに参加していただき，本書の着想から出版に至るまでご尽力いただきました。この場を借りて感謝の意を表します。

## 文　献

倉元 直樹（2014）．受験生から見た「多様化」の意義――東北大学型 AO 入試と一般入試―― 2013大学入試センター研究開発部シンポジウム報告書，24-37.

倉元 直樹（2019）．おわりに　ボールは大学に　東北大学高度教養教育・学生支援機構（編）　大学入試における「主体性」の評価――その理念と現実――（pp.203-207）　東北大学出版会　［倉元 直樹（監修・編）（2020）．「大学入試学」の誕生　第1章の一部として再録］

倉元 直樹（2020）．はじめに　倉元 直樹（監修・編）「大学入試学」の誕生（pp.i–v）金子書房

倉元 直樹（2021）．「大学入試学」の深淵と展開——個別大学の入試関連組織と入試戦略——　東北大学高度教養教育・学生支援機構　IEHE TOHOKU Report 84 第32回東北大学高等教育フォーラム 新時代の大学教育を考える［17］報告書 大学入試を設計する——「大学入試研究」の必要性とその役割——（pp.9–20）　東北大学高度教養教育・学生支援機構

# 目　次

# 第1部 エビデンスに基づく大学入試

第  章

# エビデンスからみた大学入試学の意義と実際[1]

宮本　友弘

## 第１節　エビデンスをめぐる状況

近年，日本の教育では，「エビデンスに基づく（evidence-based）」ことが重視されている。この考え方は医療実践に始まり，医療政策や福祉・教育・刑事司法の実践・政策に波及した（惣脇，2019）。ここでいうエビデンスとは，実証性を伴った科学的根拠を意味し（岩崎，2011），また，研究の成果であることを内包している（惣脇，2009）。そして，「エビデンスに基づく教育」と言った場合は，教育研究によって実践や政策をデータで実証的に裏づけることを意味する（岩崎，2017）。

こうしたエビデンスを重視する志向は，大学入試[2]の実践・政策においても強まりつつある。国レベルの政策に関しては，例えば，大学入学共通テストでの英語民間試験の活用及び記述式問題の導入の見送りを受け，令和元年（2019年）12月に設置された「大学入試のあり方に関する検討会議」においては，「これまでの主な意見」（大学入試のあり方に関する検討会議，2020b）を見ると，表１-１に示す通り，エビデンスの重要性が随所で指摘されている。また，同会議の一環として，全大学を対象に令和２年度（2020年度）入試の実態調査が実施されたが，その目的には，「エビデンスに基づいた検討

---

1　本稿は，第32回東北大学高等教育フォーラム「大学入試を設計する――『大学入試研究』の必要性とその役割――」（令和２年（2020年）９月23日）において，基調講演２「『大学入試学』の実践と成果――エビデンスに基づく東北大学の入試改革――」として発表した内容を加筆修正したものである。

2　天野（1986）は，大学入試を「広く大学入学者選抜の諸方法を一括して指す場合もあるが，厳密には入学者の選抜のために行われる学力試験を意味する」と定義している。本稿では，前者の意味として大学入試あるいは入試という言葉を使用する。

表1-1．「大学入試のあり方に関する検討会議」におけるエビデンスを重視する意見（大学入試のあり方に関する検討会議，2020b より作成，下線は筆者による）

| No. | 掲載セクション | 意見 |
|---|---|---|
| 1 | 1．入試改革全体の経緯（入試改革全体の経緯） | 高大接続改革については，学力の3要素をそのまま大学教育まで接続させようとするなど理念が肥大化しすぎて，フィージビリティを度外視することになったのではないか。ベースとなるリサーチのあり方にも課題があったと考えるため，ステークホルダーの意見を聴くとともに，**エビデンス**に基づき理念を定める必要がある。 |
| 2 | 1．入試改革全体の経緯（入試改革全体の経緯） | これまでの議論では，理念や**エビデンス**の検証が十分でなかった。例えば，「思考力・判断力」「英語4技能をバランス良く」といった理念の定義が曖昧であり，英語4技能が日本の大学で学ぶうえで均等に必要なのかといった議論も十分に行われなかった。 |
| 3 | 1．入試改革全体の経緯（入試改革の検討のあり方） | 大学への入試の実態把握は重要であり，現状のリサーチとアセスメントから始めるべき。政策決定過程の問題点として，意思決定として**エビデンス**が活用されておらず，記述試験の合理性や必要性，ステークホルダーの参加がなかった。今回の実態調査のように，入試実態の検証を踏まえて，改革の検討を行っていくべき。 |
| 4 | 1．入試改革全体の経緯（専門的知見や当事者の意見） | **エビデンス**を十分に活用して，実現可能性を議論しなければならない。受験生の考えや，都会と地方の差など，データに基づいた議論が必要。 |
| 5 | 3．大学入試のあり方と現状<br>②【入試全体のあり方】（主体性評価，多面的・総合的評価） | 高校の観点別評価は慎重であるべき。新指導要領に対応しながら観点別評価にも対応するには現場の教員の習熟が必要。現場の評価能力の**エビデンス**はないので，検証しながらマネジメントしていくことが重要。 |
| 6 | 5．英語4技能の育成・評価<br>②【大学入試における4技能評価の必要性，評価の在り方】 | 共通テスト英語の発音・アクセント問題，語句整序問題の廃止が決定されたが，それらを廃止する具体的な理由や経緯が不明確。これらの問題は，話す力・書く力を間接的に測定しているだけではなく，話す力・書く力を育てる上での土台となる基礎知識を評価するものではないか。**エビデンス**を基に議論をし，学術的にも納得のいく方針を定めてほしい。 |
| 7 | 7．格差の解消・障害者への配慮 | 大学入試における機会均等や公正を実現するためには，経済格差と地域格差，性別格差に加え，障害者，日本語指導を必要とする者，高等教育を受けていない成年など，志願者層の多様性を考慮することが必要。また，それらの者の大学等進学率，卒業率等の**エビデンス**の拡充と分析が不可欠。 |
| 8 | 8．その他（大学への実態調査，オンライン意見募集等） | 実態調査については**エビデンス**ベースで見直すという大きな意義がある。過去に類例のない調査であり，今後，継続的に実施方法を改善しつつ調査していくことが大学入試改革のベースを作る意味でも重要。 |

に資するため」（大学入試のあり方に関する検討会議，2020a）とある。

一方，個別大学の入試に対しては，高大接続改革答申（中央教育審議会，2014）の中で，「入学者の追跡調査等による，選抜方法の妥当性・信頼性の検証」が求められている。ここで強調された選抜方法の妥当性・信頼性の検証には，成績等のデータの統計的分析が不可欠である。また，方法論として例示された追跡調査は，従来から個別大学で行われてきた入試研究の中心的なテーマであった（林・伊藤・田栗，2008；西郡，2011）。したがって，エビデンスという言葉は明示されてはいないものの，上記したエビデンスの定義に鑑みれば，個別大学の入試で用いられる選抜方法はエビデンスに基づくことが要請されているといえよう。

もちろん，個別大学における入試設計は，用いられる選抜方法の妥当性・信頼性の検証だけに依拠するわけではない。入試設計の各局面で求められるエビデンスは多様である。また，各大学固有の事情だけでなく，文部科学省や（国立大学の場合は）国立大学協会の方針にも対応しなければならない。例えば，大学入学共通テストにおいての英語民間試験と記述式問題の活用をめぐっては，すでに運用停止に至っているものの，国立大学協会が発出した「基本方針」（国立大学協会，2017）や「ガイドライン」（国立大学協会，2018）にどう対処するかで，各国立大学が腐心したことは記憶に新しい。こうした事態において，どのようなエビデンスに基づくべきかを見定めることも重要となる。

そこで，本稿では，エビデンスという観点から，「大学入試学（admission studies）」（倉元，2020b）について考えてみたい。その際，東北大学の取り組みを事例として参照し，検討する。大学入試研究に求められる第一の使命は，研究組織の設立母体の目的と利益に沿って一種の機関研究（Institutional Research: IR）[3] 的な役割を果たすこと（倉元，2020b）であることから，そのあり方を考察する上で，個別大学の事例は重要な材料となろう。

具体的には，まず，第2節で，エビデンスの一般的な諸側面に照らして，東北大学の実践も踏まえながら，大学入試学の意義と役割を探る。次に，第3節で，今般の高大接続改革の枠組みの中での入試改革に際して，東北大学

3　IRとは，大学の組織や教育研究等に関する情報を収集・分析することで，学内の意思決定や改善活動の支援や，外部に対する説明責任を果たす活動（文部科学省，2014）とされる。

がどのようなエビデンスに基づいて対応したかを述べる。以上を踏まえて，第４節では，大学入試学の今後の課題について検討する。

◆◇◆

## 第２節　エビデンスの諸相と大学入試学

### １．エビデンスを産出する研究

岩崎（2017）は，エビデンスを産出する研究について，Stokes（1997）による「科学的研究の象限モデル」に基づいて検討した。このモデルでは，図１－１の通り，研究の性格を「真理探究」と「活用の考慮」の２つの軸から類型化する。類型には，①理論物理学者のボーアの量子論といった「真理探究」を目的とした「純粋基礎研究」，②発明王のエジソンが行った「活用の考慮」を目的とした「純粋応用研究」，③細菌学者のパスツールによる予防接種を普及させるワクチン研究のような「真理探究」と「活用の考慮」をともに目的とする「活用に刺激された基礎研究」，の３つがある。

これらのうち，岩崎（2017）は，「活用に刺激された基礎研究」，すなわち，社会的活用を意図した研究こそが，エビデンスを産出する研究に相当するとしている。教育研究にあてはめれば，教員などの実践家や政策立案者に実際に活用される研究ということである（岩崎，2011）。この点について，大学入試学はどのように位置づけられるであろうか。

倉元（2020b）によれば，大学入試学は，①研究母体が設置された組織に資する研究的成果を産むことを目的とした営み，②日本社会に資する大局的

| 真理探究 ＼ 活用の考慮 | No | Yes |
|---|---|---|
| Yes | 純粋基礎研究<br>Pure basic research<br>（ボーア型） | 活用に刺激された基礎研究<br>Use-inspired basic research<br>（パスツール型） |
| No | | 純粋応用研究<br>Pure applied research<br>（エジソン型） |

図１－１．研究の象限モデル（Stokes，1997，岩崎，2017より作成）

な大学入学者選抜制度設計に資する研究成果を産むことを目的とした営み，と定義される。①，②ともに使用されている「資する」という言葉には，明らかに社会的活用が含意されている。

また，倉元（2006）は，大学入試研究の基本は，その場で使える学問的技法（discipline）を駆使して，具体的，暫定的な問題解決につながる情報を得ることとしている。大学入試研究の「実学」としての側面を強調した言説ではあるが，研究の質の担保として，学術研究の方法に基づくこと，ひいては，基礎研究の重要性も示唆している。

以上から，大学入試学は，「活用に刺激された基礎研究」であり，エビデンスを産出する研究であることを意義づけられている。

## 2．エビデンスとして何が重要か

### 2.1. エビデンス・レベル

エビデンスの活用が最も進んでいる医療分野では，研究デザインに応じて因果関係を推論する妥当性の強さから，エビデンス・レベルが設定されている（中山，2010）。表 1 – 2 は，その一般的な例を示したものである。I から順にエビデンス・レベルが高く（質が高く），単独の研究成果としてはランダム化比較試験（randomized controlled trial: RCT）[4]が最も高いレベルとされる（中山，2008）。

教育分野では，医療分野のエビデンス・レベルに準じて，エビデンの質を格づけすることが多く（岩崎，2011），最も強いエビデンスとして，RCT が位置づけられてもいる（惣脇，2011）。しかしながら，教育研究においては，ランダムサンプリングや諸条件の統制の難しさから，そもそも RCT を適用できる場面は限られている。また，一方の群が教育的に不利益を被る可能性がある事態を設定することは倫理的にも許されない。

この点については，ハイステークスな選抜を扱う大学入試研究では一層厳しく問われる。RCT を実施することは技術的にも，コスト的にも，そして，倫理的にも現実的ではない。大学入試研究に医学分野でのエビデンス・レベ

4　RCT とは，対象者をランダムに処遇を受ける群（実験群）と受けない群（対照群）に割り当て，その他の要因の影響を統制し，処遇後の測定結果を比較することによって，処遇の効果を検証する実験デザインのことである。

表1-2．エビデンス・レベル（中山，2010より作成）

| | |
|---|---|
| Ⅰ | システマティックレビュー／メタアナリシス（データ統合型研究） |
| Ⅱ | 1つ以上のランダム化比較試験による |
| Ⅲ | 非ランダム化比較試験による |
| Ⅳ | 分析疫学的研究（コホート研究・症例対照研究） |
| Ⅴ | 記述研究（症例報告やケース・シリーズ）による |
| Ⅵ | 患者データに基づかない，専門委員会や専門家個人の意見 |

ルを安易に準用することは，差し控えるべきであろう。

もっとも，医学分野においても，RCTを最上位とするエビデンス・レベルには誤解がある（中山，2008；惣脇，2009）。中山（2010）によれば，本来，解決すべき問題によって，適切な研究方法は異なるところ，RCTを最上位とした「治療」に関するエビデンス・レベルの考え方が，「診断」や「予後」といった，それ以外の問題にも誤って用いられてしまったという。

こうした状況を踏まえて，中山（2008，2010）は，それぞれの領域の特性を考慮し，また，それぞれの研究デザインの利点・欠点を理解した上で，そこで得られる可能な限り最善（best available）のレベルのエビデンスを利用することを推奨している。この考え方は，先述した「その場で使える学問的技法（discipline）を駆使して，具体的，暫定的な問題解決につながる情報を得ること」（倉元，2006）という，大学入試研究の基本姿勢と軌を一にするものであろう。

## 2.2. ステークホルダーのニーズ

大学入試の実践・政策においては，重視すべきエビデンスの1つとして，ステークホルダー（stakeholder）のニーズを挙げることができる。ここでいうステークホルダーとは，当該の入試に利害関係を持つ者のことであり，高校生，受験生，保護者，そして，高校である。

ステークホルダーのニーズに着目する理由は，大学入試の諸原則（倉元，2018）のうち，「相互関係の原則」による。この原則は，大学入試は「実施者」と「志願者」が存在することによって成立するが，その成否のイニシアティブは志願者側が握る（倉元，2020a），ということである。なぜなら，実施者側が，理念的に高尚，かつ，社会的，教育的に有意義な制度を考案したと考えたとしても，志願者側は，必ずしもそのように認識し，出願行動に至るわけではないからである（倉元，2018）。したがって，志願者側のニーズを実施者側が適切に把握，冷静に受け止めるか否かが重要となる。

ただし，ステークホルダーのニーズを調査する場合，とくに個別大学の入試については，当該大学に対する「当事者性」を考慮することが重要となる。この点について，倉元（2020d）の報告が示唆的である。倉元（2020d）によれば，全国2,000校余りの高校を対象に，「東北大学の入試のあり方が自校の教育にどう影響するか」について調査したところ，「かなりある」，「ある程度ある」は合わせて全体の約15.6%にすぎなかったが，志願者数や合格者数による重みづけをして集計すると，それぞれ約58.3%，約60.2%になったという。

このように，個別大学の入試のあり方は，当該の大学への志願者を数多く抱える高校，すなわち，当事者にとっては大問題であるが，そうでない高校にとっては，ほとんど関係がないのである。したがって，ステークホルダーを対象にした調査では，こうした「当事者性」を十分に考慮しないと，誤った結論を導くことなる。

## 3．エビデンスの３つの局面

エビデンスには，「つくる」，「つたえる」，「つかう」の３つの局面がある（中山，2010；惣脇，2019）。「つくる」とは，研究者がエビデンスとなる研究成果を産出すること，「つかう」とは，実践家や政策立案者が研究成果を活用すること，そして，「つたえる」とは，両者を仲介することである。以上の３つの局面について，東北大学の入試設計では，とくに次の点を重視してきた。

### 3.1. 最善のエビデンスを「つくる」ための専門性

大学入試の設計において，2.1で述べた「可能な限り最善のレベルのエビデンス」を産出するためには，少なくとも，①教育アセスメント・教育評価，②調査・実験等の研究方法，③データの統計的分析，に関する知識・技能が必要となる。これらについて大学でシステマティックにトレーニングする領域は，管見の限りでは，心理学だけであろう。例えば，従来から，学部教育の標準的なカリキュラムでは，①については「教育心理学」，「学校心理学」，②については「心理学研究法」，「心理学実験」，③については「心理学統計法」，といった科目が用意されてきた。こうした内容は，国家資格である「公認心理師」のカリキュラム（日本心理学会，2018）にも，反映されている。

そもそも心理学の研究対象は，学力をはじめ，性格，動機づけといった人の内的特性である。それらは，人の行動を説明するために理論的に定義されることから，「構成概念（construct）」と呼ばれる。ただし，構成概念は，直接観察することは不可能である。そのため，心理学では，それらをいかに測定し，データ化するかの理論と技術が積み上げられてきた。この意味で，心理学の研究パラダイムは，学力という構成概念を扱う入試研究との親和性はそもそも高いといえる。今般の入試改革の基本コンセプトである，「学力の3要素」の多面的・総合的評価においても，とくに，「主体性を持って多様な人々と協働して学ぶ態度」の測定・評価に対しては，その定義も含め，心理学から多くの示唆が得られている（宮本，2019）。

さて，東北大学において入試研究に従事する部署は，高度教養教育・学生支援機構高等教育開発部門入試開発室である。前身となった部署も含め，設立以来，心理学専攻者が専任教員として配置されてきた。その結果，各種調査の実施とデータの統計的分析に基づいて，エビデンスを産出する体制が維持されている。また，その成果をまとめた論文の多くは，「大学入試研究ジャーナル」（独立行政法人大学入試センター発行）や「日本テスト学会誌」（日本テスト学会発行）等の学術雑誌にも採択されており，エビデンスの質の高さが公認されてきた。

### 3.2. 「つかう」を促すための「つたえる」活動

エビデンスに基づく実践・政策のためには，「つたえる」局面が，とくに重要と考えられる。なぜなら，いくら質の高い研究成果であっても，実践家や政策立案者がその有用性を理解しない限り，実践や政策に活用されることはないからである。こうした観点から，東北大学では，「つたえる」活動を重視してきた。

まず，学外向けには，研究成果を，学会発表や学会誌論文を通して研究者コミュニティに伝えるだけでなく，新聞や雑誌等を通して日本社会に広く発信するよう努めている。また，入試研究に関するWebページ[5]や，例年実施している「東北大学高等教育フォーラム」のようなイベントを通して，最新情報の速報や，当事者との双方向コミュニケーションも心がけている。大学入試は，多くの国民の関心事である（倉元，2020b）ことを勘案すれば，学会だけにとらわれない情報発信は重要であろう。それにより，先述した大学入試学の定義②「日本社会に資する大局的な大学入学者選抜制度設計に資する研究成果を産むこと」も促進されると考えられる。

一方，学内向けには，入試に関わる全学的な委員会や，学内の政策決定者に対するレクチャーを通じて，案件に関わるエビデンスを報告し，理解を得ようと努めている。こうした活動は，学外向けとの対比から，エビデンスの「学内広報」[6]と呼んでいる。今般の入試改革においては，そうした学内広報の丁寧な取り組みによって，エビデンスに基づく議論が積みあがり，合意が形成された。最終的に，次節で述べる，平成30年（2018年）12月5日に出した予告（東北大学，2018）として結実することになる。

## 第3節　エビデンスに基づく東北大学の入試改革

高大接続改革の枠組みの中での入試改革では，①大学入学共通テストにおける英語民間試験の活用，②同テストでの記述式問題の導入，③個別選抜の改善[7]，が3本の柱とされる（倉元，2020c）。これらは，令和3年度（2021年度）入試から実施予定であったことから，東北大学では，「2年前予告」[8]

---

5　例えば，科学研究費補助金基盤研究（A）「高大接続改革の下での新しい選抜方法に対する教育測定論・認知科学・比較教育学的評価」（研究代表者：倉元直樹）（http://www.adrec.ihe.tohoku.ac.jp/）

6　この用語は，倉元直樹氏の発案である。

7　文部科学省（2018）によれば，改善点として，例えば，AO入試（総合型選抜）や推薦入試（学校推薦型選抜）では，大学入学共通テスト等を活用して，「学力の3要素」のうち，「知識・技能」，「思考力・判断力・表現力」を適切に評価すること，一般入試（一般選抜）では，調査書等を活用して，「主体性を持って多様な人々と協働して学ぶ態度」をより積極的に評価すること等，が示されている。

のルールのもと，平成30年（2018年）12月5日に①〜③に関する予告を行った。これらのうち，とくに，①と②の方針策定にあたっては，筆者らの研究によるエビデンスが大きく寄与した。

以下，それぞれにおいてどのようなエビデンスが活用されたのかについて，事後評価も含めながら述べる。

## 1．英語民間試験の活用について

### 1.1．予告内容

英語民間試験（予告では，英語認定試験と表記）に関する予告は，表1－3の通りである。

国立大学協会の「基本方針」（国立大学協会，2017）では，認定試験を「一般選抜」の全受験生に課す，とある。また，「ガイドライン」（国立大学協会，2018）では，①一定水準以上の認定試験の結果を出願資格とする，②CEFRによる対照表に基づき，新テストの英語試験の得点に加点する，の2つの方法が示された。本学の方針は，「基本方針」や「ガイドライン」に沿うものではなかった。

### 1.2．エビデンス

表1－3の方針策定にあたって有力なエビデンスとなったのが，平成29年度（2017年度）に実施した高校等を対象にした調査（以下，高校調査2017と表記する。詳細は，倉元・宮本・長濱，2019参照）の結果であった。表

**表1－3．英語民間試験の活用に関する予告**

| |
|---|
| ①本学では英語4技能の修得を重視しており，受験に当たっては「CEFRにおけるA2レベル以上の能力を備えていることが望ましい」ことを出願基準とします。<br>②ただし，この出願基準は出願に当たって英語認定試験の受検とその結果提出を求めるものではありません。本学は英語認定試験の受検とCEFRのA2レベルの成績を志願者全員に求める「出願要件」とはしません。また英語認定試験成績をCEFR対照表に基づいて点数化し，これを合否判定に用いることもしません。 |

---

8　毎年，文部科学省から通知される「大学入学者選抜実施要項」には「個別学力検査実施教科・科目，入試方法等の決定・発表」という項目があり，そこでは，入学志願者保護の観点から，個別学力検査や大学入学共通テストにおいて課す教科・科目の変更等が入学志願者の準備に大きな影響を及ぼす場合には，2年程度前には予告・公表する旨が明記されており，「2年（程度）前予告」と呼ばれている。

表１－４．高校調査2017の概要

| | |
|---|---|
| 調査時期 | 2018年１～４月。 |
| 調査対象 | ①2014～2017年度入試において通算合格者数８名以上の高等学校／中等教育学校254校。<br>②上記①以外の中から2014～2017年度入試においてAO Ⅲ期合格者数２名以上の高等学校／中等教育学校15校。 |
| 調査内容（予告に関連するもの） | ①英語民間試験の活用について：質問：新テストの英語科目に加えて，外部試験を一般選抜の全受験者に課すという国立大学協会の「基本方針」についてどうお考えでしょうか。選択肢：「基本方針」に賛成，「基本方針」はやむを得ない，「基本方針」に反対。<br>②記述式問題の活用について：質問：東北大学の入試において，新テストの記述式問題をどの程度重視してほしいとお考えでしょうか。選択肢：とても重視してほしい，どちらとも言えない，あまり重視してほしくない。 |

表１－５．高校調査2017のカバー率

| | 調査対象校 | 調査対象母集団 | 調査設計カバー率 | 返送率 | 実質カバー率 |
|---|---|---|---|---|---|
| 単純集計 | 269 | 4,972 | 5.4% | 81.0% | 4.4% |
| 全志願者数 | 24,047 | 30,395 | 79.1% | 89.1% | 70.5% |
| 全合格者数 | 8,442 | 10,249 | 82.4% | 89.6% | 73.8% |

１－４の通り，この調査では，英語民間試験に関する国立大学協会の「基本方針」に対する賛否を尋ねた（後述する，記述式問題についても尋ねた）。

また，前節の2.2で述べた「当事者性」を考慮し，調査対象は，東北大学に志願者，合格者を多数輩出する高等学校等269校であった（表１－５）。有限である調査対象母集団（全高等学校・中等教育学校）のうち，本調査の実施結果が網羅している割合（カバー率と呼ぶ）を見ると，調査設計段階では，単純集計で5.4%に過ぎない。しかし，2014～2017年度における通算志願者数を当該高校の回答に重みとして乗じて集計した全志願者数基準のカバー率は79.1%，同様に合格者数で重みづけして集計した全合格者数基準のカバー率は82.4%であった。それらに，返送率を乗じた実質カバー率は，単純集計で4.4%，全志願者数基準で70.5%，全合格者数基準で73.8%であった。以上から，本調査の結果は，東北大学の志願者，合格者の母集団の意見を十分に表しているとみなせた。

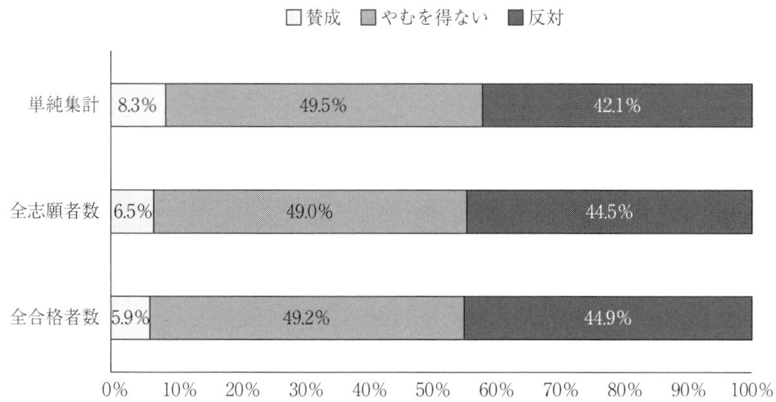

図１－２．英語民間試験に関する国立大学協会の「基本方針」に対する賛否

英語民間試験に関する国立大学協会の「基本方針」に対する賛否は，図１－２の通りであった。なお，カバー率と同様に，回答結果についても，単純集計とともに，全志願者数，全合格者数で重みづけて集計した。「賛成」は単純集計で8.3%に過ぎなかった。全志願者数基準では6.5%，合格者数基準では5.9%とさらに減少した。また，いずれの集計においても，「やむを得ない」が約半数，「反対」が約４割強であった。以上から，英語民間試験を「一般選抜」の全受験生に課すことは，東北大学の入試の当事者である高校等からは，支持されていないことが明らかになった。

## 1.3.　方針の評価

予告した方針を，令和４年度（2022年度）の入試でも継続するかどうかを検討するために，平成30年度（2018年度）に，高校調査2017と同様の調査（以下，高校調査2018と表記する。詳細は，倉元・宮本・長濱，2020参照）を実施した。表１－６の通り，この調査では，東北大学が予告で示した３つの方針に対する賛否を尋ねた。また，実質カバー率（表１－７）は，全志願者数基準では71.2%，全合格者数基準では74.7%であることから，調査の結果は，東北大学の志願者，合格者の母集団の意見を十分に表しているとみなせた。

図１－３は，英語民間試験に関する東北大学方針に対する賛否を示したも

表1-6. 高校調査2018の概要

| | |
|---|---|
| 調査時期 | 2018年12月～2019年４月。 |
| 調査対象 | ①2014～2018年度入試において通算合格者数８名以上の高等学校／中等教育学校311校。<br>②上記①以外の中から2014～2017年度入試においてAO Ⅲ期合格者数３名以上の高等学校／中等教育学校１校。 |
| 調査内容（予告に関連するもの） | （東北大学の出した３つの方針それぞれについて）貴校では，どのようにお考えでしょうか。選択肢：賛成，どちらとも言えない，反対。 |

表1-7. 高校調査2018のカバー率

| | 調査対象校 | 調査対象母集団 | 調査設計カバー率 | 返送率 | 実質カバー率 |
|---|---|---|---|---|---|
| 単純集計 | 312 | 4,960 | 6.3% | 80.1% | 5.0% |
| 全志願者数 | 31,611 | 38,657 | 81.8% | 87.0% | 71.2% |
| 全合格者数 | 10,824 | 12,712 | 85.1% | 87.8% | 74.7% |

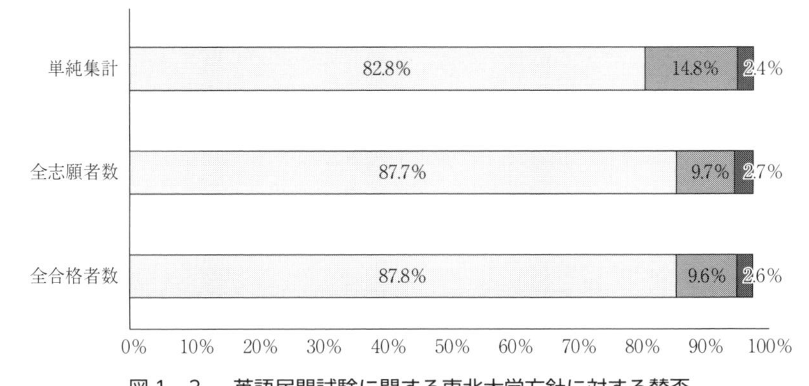


図1-3. 英語民間試験に関する東北大学方針に対する賛否

のである。いずれの集計においても，「賛成」は８割を超え，「反対」は３％未満であった。以上から，英語民間試験に関する東北大学の方針は，東北大学の入試の当事者である高校等からは，支持されていることが明らかになった。

## 2. 記述式問題の活用について

### 2.1. 予告内容

記述式問題に関する予告は，表1－8の通りである。

国立大学協会の「基本方針」（国立大学協会，2017）では，記述式問題を含む国語及び数学を，「一般選抜」の全受験生に課す，とある。また，「ガイドライン」（国立大学協会，2018）では，国語については，段階別成績表示の結果を点数化しマークシートの得点に加点して活用する，数学については，従来のマークシート式と同様の取り扱いとする，とある。本学の方針は，国語については活用するものの，「ガイドライン」に沿うものではなかった。数学については，「ガイドライン」に準じた。

### 2.2. エビデンス

（1）国立大学における個別学力試験の解答形式に関する実態調査

表1－8の方針策定にあたってのエビデンスは2つあった。1つは，平成28年（2016年）に実施した国立大学における個別学力試験の解答形式に関する実態調査（詳しくは，宮本・倉元，2017，宮本・倉元，2018参照）の結果[9]である。

この調査の目的は，高大接続システム改革会議「最終報告」（高大接続システム改革会議，2016）において，現行の「一般入試」の課題として指摘された，「知識に偏重した選択式問題が中心で記述式問題を実施していない場合もあること」が，国立大学に該当するかどうかを検証することであった。なぜなら，この指摘が大学入学共通テストに記述式問題を導入することの理

表1－8．記述式問題の活用に関する予告

①国語の記述式問題の活用については，以下のとおり取り扱います。
　1）段階別評価を点数化して合否判定に用いることはしません。
　2）ただし，合否ラインに志願者が同点で並んだ場合，記述式問題の成績評価が高い志願者を優先的に合格とします。
　詳細については，大学入試センターによる成績表示方法の決定発表を待って改めて公表します。
②数学の記述式問題については点数表示の成績を合否判定に用います。

9　宮本・倉元（2018）は，宮本・倉元（2017）において収集しきれなかった問題を補充した。そのため，結果に若干の違いがある。本稿では，宮本・倉元（2018）の結果を示す。

由の１つになっていたにもかかわらず，国立大学の個別学力試験の解答形式を調査した研究は見当たらなかったからである。

そこで，大学院大学４校を除く国立大学82校の平成27年度（2015年度）の一般入試（前期日程，後期日程）個別学力試験問題を収集し，枝問単位で解答形式を分類した。24,258問の枝問が分析対象となった。その際，大学入学共通テストでは，国語の記述式問題は「80～120字程度の問題を含め３問程度」（文部科学省，2017）の出題が予定されていたことから，解答形式の分類カテゴリーとして，「80字以下の記述式」，「80字超の記述式」を用意した。

科目・教科等別に集計すると表１−９の通りとなった。全体では，選択式を含む客観式は8.9％に過ぎず，９割以上が記述式であった。また，客観式に近い「穴埋め式」，「短答式」を除いても４割以上が記述式であった。教科・科目等別では，「穴埋め式」，「短答式」を除いた場合の記述式は，「倫理，政治・経済」，「倫理」，「英語（ライティング）」，「小論文」で75～100%，「国語」，「現代社会」，「政治・経済」，「数学（文系）」，「数学（理系）」，「物理」，「化学」，「英語」，「総合問題」で40～60%，「世界史」，「日本史」，「地理」，「生物」，「地学」，「英語（リスニング）」，「その他」で20～35% であった。

「80字超の記述式」は，全体で1,088問，4.5% であった。教科・科目等によってバラツキがみられ，「倫理」，「倫理，政治・経済」で77% 以上，「現代社会」，「政治・経済」で40% 以上と多く，一方，「物理」，「化学」，「英語」，「英語（リスリング）」は２％未満，「数学（文系）」，「数学（理系）」「英語（ライティング）」は皆無であった。その他の教科・科目等では，３～17% であった。

大学ごとに「穴埋め式」，「短答式」を除いた記述式を集計すると図１−４の通りとなった。出題していない大学は１大学のみであった。半数の大学が128題以上出題し，上位４分の１の大学が164問以上出題していた。また，「80字超の記述式問題」（図１−５）については，出題していない大学は９大学であった。半数の大学が９題以上出題し，上位４分の１の大学が19題以上出題していた。

以上から，国立大学の個別学力試験では記述式問題が相当数出題されており，また，大部分の大学において80字以上の記述式問題が課せられていた。

表1－9．各科目・教科等の解答形式の割合

| 教科・科目等 | 問題数 | 解答形式の割合（%） | | | | | | |
|---|---|---|---|---|---|---|---|---|
| | | 客観式 | 記述式 | | | | | 合計 |
| | | | 穴埋め式・短答式 | 80字以内 | 80字超 | それ以外 | 計 | |
| 国語 | 2,023 | 6.1 | 45.9 | 25.5 | 11.1 | 11.5 | 93.9 | 100.0 |
| 世界史 | 463 | 5.2 | 68.9 | 12.5 | 13.2 | 0.2 | 94.8 | 100.0 |
| 日本史 | 441 | 5.0 | 63.9 | 17.7 | 13.4 | 0.0 | 95.0 | 100.0 |
| 地理 | 423 | 18.2 | 48.2 | 16.8 | 16.1 | 0.7 | 81.8 | 100.0 |
| 現代社会 | 36 | 5.6 | 36.1 | 8.3 | 47.2 | 2.8 | 94.4 | 100.0 |
| 倫理 | 18 | 11.1 | 11.1 | 0.0 | 77.8 | 0.0 | 88.9 | 100.0 |
| 政治・経済 | 44 | 13.6 | 34.1 | 11.4 | 40.9 | 0.0 | 86.4 | 100.0 |
| 倫理，政治・経済 | 7 | 0.0 | 0.0 | 14.3 | 85.7 | 0.0 | 100.0 | 100.0 |
| 数学（文系） | 717 | 0.0 | 57.2 | 0.0 | 0.0 | 42.8 | 100.0 | 100.0 |
| 数学（理系） | 1,883 | 0.1 | 54.0 | 0.1 | 0.0 | 45.8 | 99.9 | 100.0 |
| 物理 | 2,972 | 6.2 | 51.1 | 1.8 | 1.0 | 39.9 | 93.8 | 100.0 |
| 化学 | 4,576 | 8.4 | 50.6 | 7.5 | 1.7 | 31.8 | 91.6 | 100.0 |
| 生物 | 3,736 | 11.6 | 63.8 | 15.4 | 6.1 | 3.1 | 88.4 | 100.0 |
| 地学 | 1,137 | 9.5 | 63.6 | 11.5 | 7.8 | 7.6 | 90.5 | 100.0 |
| 英語 | 2,903 | 21.5 | 36.5 | 0.3 | 0.1 | 41.6 | 78.5 | 100.0 |
| 英語（リスニング） | 109 | 34.9 | 37.6 | 10.1 | 1.8 | 15.6 | 65.1 | 100.0 |
| 英語（ライティング） | 20 | 0.0 | 25.0 | 0.0 | 0.0 | 75.0 | 100.0 | 100.0 |
| 総合問題 | 1,256 | 5.3 | 48.9 | 10.9 | 10.1 | 24.8 | 94.7 | 100.0 |
| 小論文 | 1,251 | 1.8 | 13.0 | 5.8 | 4.8 | 74.7 | 98.2 | 100.0 |
| その他 | 243 | 16.9 | 50.2 | 17.3 | 3.3 | 12.3 | 83.1 | 100.0 |
| 合計 | 24,258 | 8.9 | 50.0 | 8.7 | 4.5 | 27.9 | 91.1 | 100.0 |

したがって，先述した高大接続システム改革会議「最終報告」の指摘は，国立大学には当たらないことが明らかになった。

（2）高校調査2017

表1－8の方針策定にあたってのもう1つのエビデンスは，高校調査2017の結果であった。記述式問題をどの程度重視してほしいかについて尋ねたところ（表1－4），図1－6の通り，「とても重視してほしい」は，単純集計で

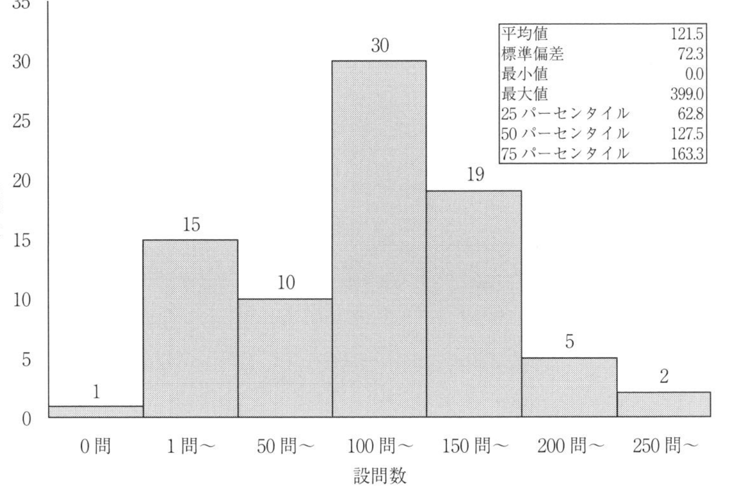


図1-4．記述式問題数（穴埋式・短答式を除く）の分布と要約統計量

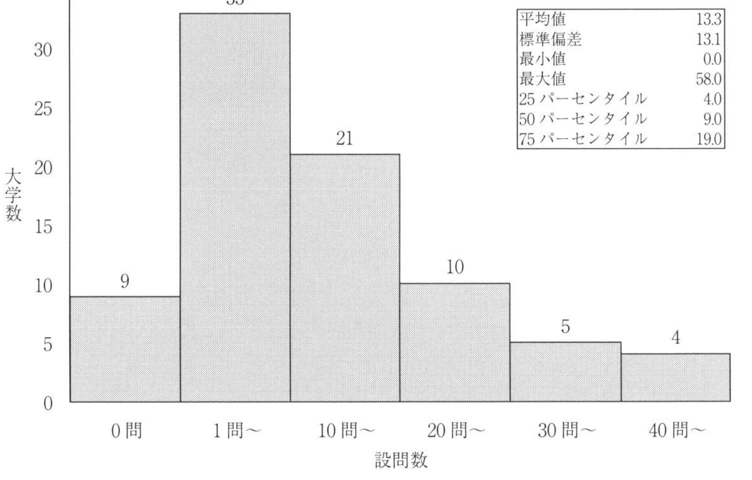


図1-5．「80字超の記述式問題」の分布と要約統計量

5.6%であり，全志願者数基準，全合格者数基準ではともに2.5%とさらに減少した。

以上から，東北大学の入試の当事者である高校等は，記述式問題を活用す

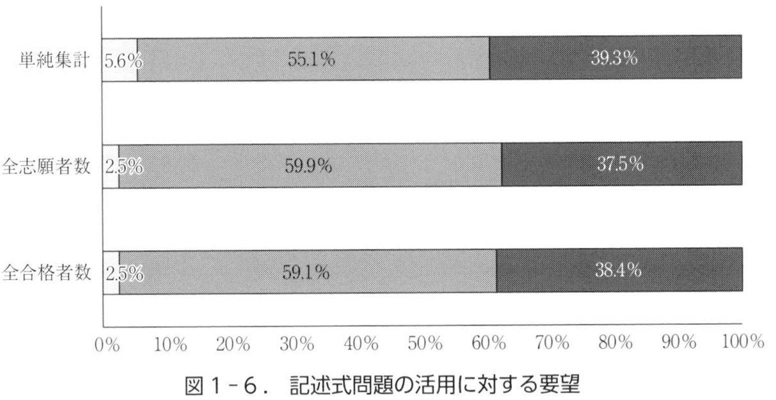


図1－6．記述式問題の活用に対する要望

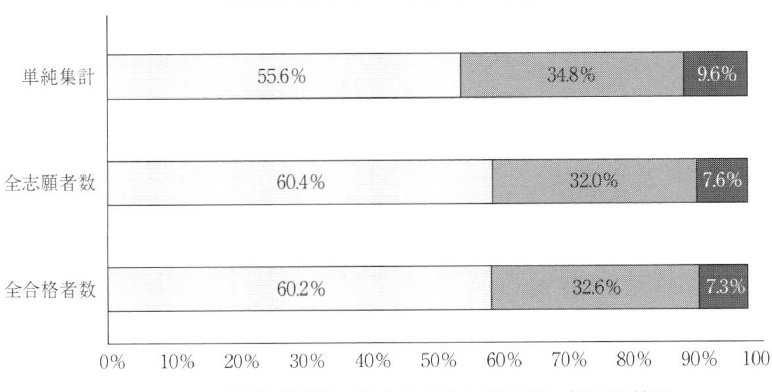


図1－7．記述式問題に関する東北大学方針に対する賛否

るにしても，その影響力が大きくなることは望んでいないことが示唆された。

## 2.3. 方針の評価

高校調査2018において，表1－8で示した方針に対する賛否について尋ねた。その結果，図1－7の通り，「賛成」は，単純集計で過半数を超え，全志願者数基準と全合格者数基準では6割を超えた。一方，「反対」は，単純集計で9.6%であり，全志願者数基準で7.6%，全合格者数基準で7.3%とさらに減少した。

以上から，記述式問題に関する東北大学の方針は，東北大学の入試の当事者である高校等からは，支持されていることが明らかになった。

### 3．高大接続改革の方針転換に際して

第１節でも触れたが，令和元年（2019年）の11月に英語民間試験の活用が見送られ，また，12月には記述式問題の導入も見送られた。「予告」を出した当時とは状況が一変した。しかしながら，東北大学では，記述式問題に関する予告を削除するだけで済み，大きな影響はなかった。前項まで述べてきた通り，本学の方針が，国立大学協会の「基本方針」（国立大学協会，2017）や「ガイドライン」（国立大学協会，2018）よりも，研究によるエビデンスを優先し，それに基づいて策定されたことによると考えられる。エビデンスに基づく入試設計の頑健性が示されたといえよう。

なお，前節の2.2の（1）で述べた実態調査の結果については，速報性を重視し，平成28年（2016年）12月13日にWebページ（脚注５）で公開した。また，同年12月19日の朝日新聞（朝刊）や，令和元年（2019年）11月18日号の「AERA」（朝日新聞出版）にも掲載された。国会において記述式問題導入の見直しをめぐる議論が白熱した時期には，Webページへのアクセス数は大幅に増加し，さらに，国会の議論の中で，朝日新聞とAERAの記事が複数回取り上げられた。結果として，見送りという政策決定に少なからず影響を与えたようであった。かくして，エビデンスを学会だけにとどまらず，日本社会に広く「つたえる」ことの重要性が示されることになった。

## 第４節　大学入試学の課題

以上の通り，大学入試の設計において，研究によって産出されたエビデンスに基づくことは，実質的にも有益である。したがって，いかに良質のエビデンスを産出するかが，大学入試学の第一義的な課題でもある。そのための手立てとして，とくにここで提起したいことは，大学入試の設計において，どのようなエビデンスが重要であるかを分類・整理する枠組を構築することである。第１節の2.1で述べた通り，医療分野では研究デザインに基づいて

エビデンス・レベルが設定されていたが，大学入試研究では，それとは異なる観点から，エビデンスを分類・整理することが望ましいと考えられる。

卑近な例ではあるが，いわゆるPDCAサイクルから大学入試の設計プロセスを捉え，各フェーズでの意思決定に資するかどうかといった観点が考えられる。第3節で示した東北大学が取り組んだ実態調査の結果や当事者である高校調査の結果は，当該制度の設計前に参照すべきエビデンスである。一方，これまで入試研究の中心的なテーマであった追跡調査の結果は，当該制度の実施後に参照すべきものである。こうした観点からのエビデンスの分類・整理の枠組みは，大学入試研究に従事する研究者にとって，今現在取り組んでいる研究が，実際の入試設計のどのフェーズに寄与するものかを自覚する手がかりとなろう。

また，よりマクロな観点として，「大学入試の三原則」[10]が考えられる。すなわち，当該のエビデンスが，「四六答申」（文部省，1971）で示された，「公平性の確保」，「適切な能力の判定」，「下級学校への悪影響の排除」，という三原則のどれに寄与するかということである。とくに，高大接続改革の方針転換に鑑みた場合，「大学入試の三原則」を考慮することの重要性が浮き彫りになる。

この点について，倉元（2020d）は，「大学入試の三原則」に照らしながら，今般の入試改革について，「三つの原則のうち，『下級学校への悪影響の排除』の原則から出発し，それをさらに積極的に拡張して『下級学校へ良い影響を与える』ことを目的とした政策に邁進したのである。その結果，『適切な能力の判定』と『公平性の確保』とのいう残る二つの原則を粗雑に扱う結果となった」（p.114）と看破した。その上で，入試改革のつまずきについて，「英語民間試験が延期となったのは，『公平性の確保』の侵犯に対する受験者側からの抗議に耐えられなくなったためであり，大学入学共通テストへの記述式問題導入と主体性評価の方法が見直されたのは，方法論的に『適切

---

**10**　「大学入試の三原則」は，①「四六答申」（文部省，1971）に基づいて，「公平性の確保」，「適切な能力の判定」，「下級学校への悪影響の排除」と表現する場合と，②「大学入学者選抜実施要項」に基づいて，「能力・適性の原則」，「公正・妥当の原則」，「高等教育尊重の原則」（佐々木，1984），あるいは，「大学教育を受けるにふさわしい能力・適性などを多面的に判定すること」，「公正かつ妥当な方法で実施すること」，「入学者選抜のために高等学校の教育を乱すことのないように配慮すること」（大学入試センター，1992）と表現する場合がある。本稿では，①の表現に従った。

な能力の判定』に応えられないと判断されたからだ」(pp.114–115）と総括している。

こうした倉元（2020d）の見解を裏づける新聞記事がある。平成31年(2019年）4月5日の朝日新聞において中央教育審議会会長として高大接続改革を主導した安西祐一郎氏は，大学入学共通テストに向けた2回目の試行調査の結果（数学の記述式問題の正答率・無回答率が1回目よりも改善しなかった）を受けて，次のように発言している。

「……正当率が低いのであれば，それは問題が不適切だからではなく教育改革が進んでいないからだ。……私は，受験生のほとんどが0点であっても問題を変えず，解けるようになるよう，授業を変えることを目指すべきだと思う。……大規模試験だからこそ，教育を変える契機になる」(安西，2019)。

こうした発言の何が問題であるのかを読み解く上でも，大学入試研究に従事する研究者は，「大学入試の三原則」を念頭に置くことが肝要である。

ところで，第1節の2.1では，大学入試研究に医学分野でのエビデンス・レベルを安易に準用することを否定したが，一点のみ，大いに参考にすべき点がある。それは，表1－2にある通り，「患者データに基づかない，専門委員会や専門家個人の意見」のエビデンス・レベルがもっとも低いことである。ことさら，大学入試については，誰しも一家言を持って語ることができる身近な話題であり，一定のバイアスを持って語られがちでもある（倉元，2020b)。それだけに，データにまったく基づかない，その道の「権威者」のもっともらしい（plausible）言説には，注意が必要である。そうした注意喚起のためにも，エビデンスを分類・整理する枠組の構築は，大学入試学の使命であろう。

結局のところ，大学入試研究に従事する研究者が，エビデンスということをどう認識し，尊重するかにかかっている。単に，データを示せばエビデンスということではない。いかに，実際の大学入試に寄与できるかが重要となる。研究者の単なる興味本位の研究は許されない。この意味での，大学入試研究とは何かの定義を精緻化することも，今後の課題である。

## 文 献


天野 郁夫（1986）. 大学入試　日本教育社会学会（編）　新教育社会学事典（pp.596–597）　東洋館出版社

安西 祐一郎（2019）. 問題減少 本末転倒　朝日新聞　4月5日朝刊, 3.

中央教育審議会（2014）. 新しい時代にふさわしい高大接続の実現に向けた高等学校教育, 大学教育, 大学入学者選抜の一体的改革について～ すべての若者が夢や目標を芽吹かせ, 未来に花開かせるために ～（答 申）　文部科学省　Retrieved from https://www.mext.go.jp/b_menu/shingi/chukyo/chukyo0/toushin/__icsFiles/afieldfile/2015/01/14/1354191.pdf（2021年1月11日）

大学入試のあり方に関する検討会議（2020a）. 大学入学者選抜に関する実態調査について 文部科学省 Retrieved from https://www.mext.go.jp/content/20200720-mxt_daigakuc02-000008656_4.pdf（2021年1月6日）

大学入試のあり方に関する検討会議（2020b）. これまでの主な意見の概要（第1回～第19回）文部科学省 Retrieved from https://www.mext.go.jp/content/20201218-mxt_daigakuc02-000011716_3.pdf（2021年1月6日）

大学入試センター（1992）. 入試三原則　大学入試フォーラム, *13*, 113–114.

林 篤裕・伊藤 圭・田栗正章（2008）. 大学で実施されている入試研究の実態調査 大学入試研究ジャーナル, *18*, 147–153.［倉元 直樹（監修・編）（2020）.「大学入試学」の誕生　第6章に再録］

岩崎 久美子（2011）. 教育研究エビデンスの課題――知識社会における産出・普及・活用――　国立教育政策研究所紀要, *140*, 95–112.

岩崎 久美子（2017）. エビデンスに基づく教育　研究の政策活用を考える　情報管理, *60*（1）, 20–27.

国立大学協会（2017）. 2020年度以降の国立大学の入学者選抜制度――国立大学協会の基本方針――　国立大学協会　Retrieved from https://www.janu.jp/news/files/20171110-wnew-nyushi1.pdf（2021年1月11日）

国立大学協会（2018）. 大学入学共通テストの枠組みにおける英語認定試験及び記述式問題の活用に関するガイドライン　国立大学協会　Retrieved from https://www.janu.jp/news/files/20180330-wnew-guideline.pdf（2021年1月11日）

高大接続システム改革会議（2016）. 高大接続システム改革会議「最終報告」 文部科学省　Retrieved from https://www.mext.go.jp/component/b_menu/shingi/toushin/__icsFiles/afieldfile/2016/06/02/1369232_01_2.pdf（2021年1月11日）

倉元 直樹（2006）. 東北大学における「アドミッションセンター」の取組と課題　大学入試フォーラム, *29*, 15–23.［倉元 直樹（監修・編）（2020）.「大学入試学」の誕生　第3章に再録］

倉元 直樹（2018）. 大学入試の諸原則から見た東北大学の入試改革　大学入試研究ジャーナル, *28*, 119–125.［倉元 直樹（監修・編）（2020）.「大学入試学」の誕生　第1章の一部として再録］

倉元 直樹（2020a）. 受験生保護の大原則に従った入試制度改革を――英語民間試験利用を見送った東北大学の入試設計思想――　中央公論, *134*（2）, 80–87.

倉元 直樹（2020b）.「はじめに」倉元 直樹（監修・編）「大学入試学」の誕生（pp.

i-v) 金子書房

倉元 直樹（2020c）．大学入学共通テストが目指すかたち 倉元 直樹（監修・編）大学入試センター試験から大学入学共通テストへ（pp.90-97） 金子書房

倉元 直樹（2020d）．「コロナ禍」の下での大学入試——高大接続改革の方針転換から見えてきた課題と展望 現代思想，*48*（14），112-121.

倉元 直樹・宮本 友弘・長濱 裕幸（2019）．高大接続改革への対応に関する高校側の意見——東北大学の AO 入試を事例として—— 日本テスト学会誌，*15*，99-119.

倉元 直樹・宮本 友弘・長濱 裕幸（2020）．高大接続改革に対する高校側の意見とその変化——「受験生保護の大原則」の観点から—— 日本テスト学会誌，*16*，87-108.

宮本 友弘（2019）．「主体性」評価の課題と展望——心理学と東北大学 AO 入試からの示唆—— 高度教養教育・学生支援機構（編） 高等教育ライブラリ15 大学入試における「主体性」の評価——その理念と現実——（pp.7-29） 東北大学出版会

宮本 友弘・倉元 直樹（2017）．国立大学における個別学力試験の解答形式の分類 日本テスト学会誌，*13*，69-64.［倉元 直樹（監修・編）（2020）．大学入試センター試験から大学入学共通テストへ 第 7 章に再録］

宮本 友弘・倉元 直樹（2018）．国立大学の個別学力検査における記述式問題の出題状況の分析——80字以上の記述式問題に焦点を当てて—— 大学入試研究ジャーナル，*28*，113-118.［倉元 直樹（監修・編）（2020）．大学入試センター試験から大学入学共通テストへ 第 8 章に再録］

文部科学省（2014）．大学における教育内容等の改革状況について（平成26年度） 文部科学省 Retrieved from https://www.mext.go.jp/a_menu/koutou/daigaku/04052801/1380019.htm（2021年 1 月11日）

文部科学省（2017）．大学入学者選抜改革について 文部科学省 Retrieved from https://warp.ndl.go.jp/info:ndljp/pid/11293659/www.mext.go.jp/b_menu/houdou/29/07/__icsFiles/afieldfile/2017/07/18/1388089_002_1.pdf（2021年 1 月11日）

文部科学省（2018）．平成33年度大学入学者選抜実施要項の見直しに係る予告の改正について 文部科学省 Retrieved from https://www.mext.go.jp/component/a_menu/education/micro_detail/__icsFiles/afieldfile/2018/11/06/1397731_03.pdf（2021年 1 月11日）

文部省（1971）．今後における学校教育の総合的な拡充整備のための基本的施策について 中央教育審議会答申 大蔵省印刷局

中山 健夫（2008）．健康・医療の情報を読み解く 健康情報学への招待 丸善出版

中山 健夫（2010）．エビデンス：つくる・伝える・使う 体力科学，*59*，259-268.

日本心理学会（2018）．公認心理師大学カリキュラム 標準シラバス（2018年 8 月22日版）日本心理学会 Retrieved from https://psych.or.jp/wp-content/uploads/2018/04/standard_syllabus_2018-8-22.pdf（2021年 1 月11日）

西郡 大（2011）．個別大学の追跡調査に関するレビュー研究 大学入試研究ジャーナル，*21*，31-38.［倉元 直樹（監修・編）（2020）．「大学入試学」の誕生 第 7 章に再録］

佐々木 享（1984）．大学入試制度 大月書店

惣脇 宏（2009）．より一層エビデンスに基づいた教育政策と実践を OECD 教育研究革新センター（編） 教育とエビデンス――研究と政策の共同に向けて（pp.3-13） 明石書店

惣脇 宏（2011）．教育研究と政策――RCT とメタアナリシスの発展―― 国立教育政策研究所紀要，*140*，55-70.

惣脇 宏（2019）．エビデンスに基づく教育――歴史・現状・課題―― 教育行財政研究，*46*，19-24.

Stokes, D.E.（1997）. *Pasteur's quadrant: Basic science and technological innovation.* Washington, DC: Brookings Institution Press.

東北大学（2018）．平成33年度（2021年度）入試における本学の基本方針について（予告） 東北大学入試センター Retrieved from http://www.tnc.tohoku.ac.jp/images/news/H33housin.pdf（2021年 4 月11日）

## 付　記

本稿の執筆にあたっては，JSPS 科研費 JP20K20421の助成を受けた。

第  章

# 高大接続で今考えるべきこと

中村　高康

◆◇◆

## 第１節　東北大学高等教育フォーラムに参加して

令和２年（2020年）９月23日に東北大学高等教育フォーラム「大学入試を設計する」に視聴参加する機会を得た。「大学入試学」を提唱する倉元直樹教授の研究にはこれまでもしばしば触れる機会があったが，東北大学の入試研究グループが大学入試に対して一定の重要な役割を果たしてきたとの認識が筆者自身にあり，一度話をうかがってみたいという気持ちがあったことも，このフォーラムに参加した大きな理由の１つである。

「一定の役割」というのは，近年の高大接続改革論議に関連してのことである。特に目立ったところで二点だけ挙げておきたい。

一点は，東北大学の入試方針への影響である。他の有力大学が新しい入試制度への対応を迷う中で，東北大学はいちはやく英語民間試験の受験を出願要件としないこと・国語の記述式問題の回答を点数化して合否判定に用いないことなどを表明した（東北大学，2018）。このことは，同様の方針をとろうか迷っていた他の大学を大いに勇気づける決定であったと思われる。この決定に際して，例えば英語の民間試験の問題では高等学校への独自調査の結果が踏まえられていることがうかがえる記述がこの文書内にある（「本学が実施した高等学校調査でも英語認定試験を受験生に一律に課すことに対し，賛成が８％と少数である一方，反対は４割を占め，高等学校をとりまく環境で十分準備が整っていないと理解されます。」とある）。今回のフォーラムでの宮本友弘教授の報告でもこのデータが紹介されていたが，まさにエビデンスに基づく政策決定のお手本のような調査であった。

２つ目は，大学入学共通テストにおける記述式問題の導入の必要性をめぐ

る議論に関して，である。そもそも記述式を導入しなければならないと判断するには，多くの大学で記述式問題を入試で課していないという事実が存在する必要がある。それに関して文部科学省はなぜか国語・小論文・総合問題を課していない学部の募集人員の割合を計算し，61.6%であることを示す表を提示していた。これは非常に問題のある数字であり，この数字から記述式問題を課していない募集人員はわからないのだが，なぜか「国立大学でも6割は記述式が課されていない」などと誤解されて流布された。これに対して，宮本・倉元（2016）では，より緻密な情報を収集整理した研究がなされ，ほとんどの国立大学で記述式問題が課されていることを明らかにした。筆者自身もそうであったが，実感としてはわかっていても，具体的な数字で示すことは意外に難しい。その状況の中で，記述式問題の導入に批判的な立場の議論において，宮本・倉元論文はそのよりどころを与える貴重なエビデンスであった。最近，文部科学省が全国の大学への調査を行い，私立大学を含めてもかなりの数の大学生が記述式問題を入試で経験して入学しているとする推計も公表され，宮本・倉元論文の知見の正当性をさらに裏付けることになった（中村，2021）。

今回の高等教育フォーラムにおいても，個別具体的な事例報告や教育現場の視点からの議論は大事にしつつも，こうした数量的エビデンスを重視するスタンスが，一定以上の政策的・実践的インパクトを持つことがあらためて実感できた。筆者自身も実証研究に関わってきた立場から，そうした大学入試研究の方向性について賛同する。

筆者は令和2年（2020年）6月5日に文部科学省の「大学入試のあり方に関する検討会議」において報告をおこなったが，実はその報告の主眼の1つは，専門的な議論を踏まえながら，データをもって議論することであった。そこで，本書のスペースをお借りして，当日の報告内容を解説することにより，高大接続をエビデンスベースで考えることの意義をあらためて考察したい。

◆◇◆

## 第２節　高大接続の前提

一連の入試改革が埋め込まれている「高大接続改革」には，一般には十分に認識されていないが専門家であれば理解できる重要なポイントがいくつかある。

第一に，教育拡大と大学入学者層の変容に関して，である。高大接続の問題は，従来は例えば職業系の高校から大学へ進学したくてもカリキュラム上うまく接続できないといった制度的接続関係の問題であった。しかし，現代においては，少子化が進行する一方で大学の設置基準が緩和されるなどの事情も手伝って，高等教育の大衆化が一層進行した。そこで，従来では大学に進学してはいなかった学力層が大学に大量に入ってくるようになった。現代の高大接続問題はこうした構造変容を踏まえて理解する必要がある。つまり，現実問題として，高校と大学のつなぎ目で行われる入学者選抜においては，すでに従来型の一発勝負の筆記試験だけでの接続は，特に大衆化と連動して拡大した大学群では成り立たなくなっており，多くの大学で入試の平易化が進んだ。筆者はこれをマス選抜と呼んでいるが（中村，1996，2011），そこでは相対的に入学難易度の低い大学で推薦入学制度やAO入試がフルに活用されることになった。この趨勢は最近始まったものではなく，50年以上前から着実に進行していたとみることができる。

第二に，高校教育と大学教育の質的違いに関して，である。高校教育は後期中等教育に位置付けられ，義務教育段階において期待されるような，共通内容の基礎教育という面は薄まってくる。実際，高校教育は多様化が推奨され，履修内容はもちろん学科やコースについても，個性的であることが求められてはいる。とはいえ，高校進学率も95％を超える高水準であるために「準義務教育」のように見られることも多く，依然として中等教育の一翼を担っており，共通基礎教育の性格も併せ持っている。大学には存在しない学習指導要領によって教育内容が国に細かく枠づけられているのは，そのわかりやすい例といえる。

一方で，大学教育は専門教育機関であり，どの分野もまんべんなく幅広く教授するようなスタイルではなく，それぞれの大学・学部・学科等で専門的な内容に即した教育が行われる。そこでは，高等学校以下の教育内容を網羅的にカバーする性質をもともと持たないし，それは逆に大学教育の効率を下げることになるだろう。なぜなら，大学は特定の専門内容を深く学ぶことを目指すものだからである。

以上の高校と大学の教育上の性格の違いを念頭に置けば，高校教育の理念と大学教育の理念を機械的に一致・対応させるような発想（具体的には学力の3要素によって一貫させるような発想）には根本的な問題が生じるとの推測が成り立つ。こうした高校と大学の教育の質的違いに関わる問題については，荒井が自身の高大接続論の中で再三指摘してきたところである（最近のものでは，荒井，2020）。

第三には，今述べた第一の点と第二の点を踏まえた場合，高校と大学を有効につないでいく手段は，入試選抜という形が中心ではなく，教育接続が重要になってくる，ということである（荒井・橋本，2005）。昨今においても，進行する入試多様化・軽量化のなかで，専門教育の基礎となる科目を高校段階で十分に学ばずに大学に入学することはある。医学部であっても生物で受験していない，機械工学なのに物理の知識が足りない…といったパターンである。こうした場合，そこではリメディアル教育が行われてきた。あるいは，基本的なスタディスキルが身についていないまま大学に入学する学生に対しては，初年次教育が行われてきた。また，学校推薦型選抜や総合型選抜で早々に合格を決めた高校生などに対しては，入学前教育も近年では活発に行われるようになっている。これらはいずれも，教育によって高大接続を図る仕組みである。マス化・ユニバーサル化が進んだ現代の大学においては，入試選抜で負荷を受験生にかけることで強引に高校と大学をつなぎ合わせることを試みるスタイルは，多様な受験者層を考慮した場合，必ずしもなじむものではない。

以上の諸点を理解すれば，高大接続が，「入試改革」に示されるような派手な花火を要するものというよりは，地道な教育的「支援」と連なっている現象だということが理解できるはずである。かつてと異なり，個別の大学の実情も個々の受験生の実情もきわめて多様である。派手な「改革」を急いでは，今回の入試改革論議に見られるようにかえって事を仕損じることになる。以下ではこうした焦りが生み出した今般の改革の矛盾点を，2点ほど取り上げてデータに基づいて議論してみたい。

## 第３節　多面的評価をすることによる画一的事態

現在進められている入試多様化には，選抜方式の多様化（一般選抜か学校推薦型選抜か総合型選抜かといった多様性）と各選抜方式内の多面的評価（多様な資料を用いて行われる選抜）の推進という二面があるが，いずれにしてもこれは，基本的には，従来の大学入試が画一的な一発勝負の試験に支配されているというイメージから派生したもののように見える。例えば，今回の入試改革の方向性が示された「高大接続システム改革会議『最終報告』」（高大接続システム改革会議，2016）には，次のようなフレーズがある。

「このような大きな社会変動の中では，これからの我が国や世界でどのような産業構造が形成され，どのような社会が実現されていくか，誰も予見できない。確実に言えるのは，先行きの不透明な時代であるからこそ，多様な人々と協力しながら主体性を持って人生を切り開いていく力が重要になるということである。また，知識の量だけでなく，混とんとした状況の中に問題を発見し，答えを生み出し，新たな価値を創造していくための資質や能力が重要になるということである。」（平成28年３月31日高大接続システム改革会議「最終報告」）

誰も予見できない未来を生きていくのに知識ばかり詰め込んでもしかたがない，問題発見・解決能力・主体性なども評価する入試方法が必要だ，というニュアンスである。

「知識」を過剰に貶める言説には個人的に賛同することはできないが，それはさておき入試多様化の一側面としての選抜方式の多様化は，さきほども指摘したように，すでにかなりの規模で行われていることである。かつて大学入学者選抜論をけん引した天野郁夫は，1990年代にすでに「我が国の選抜方式の『多様性』は，世界に冠たるものといってもいいすぎではない」（天野，1992，p.8）と指摘しているが，それからさらに多様化は進み現在に至っていることを私たちは議論のスタート地点とすべきである。

したがって，現在時点で多少の意味があるとすれば，それは個別の入学者選抜において多面的な評価を行うことに行き着く。こうすることによって，従来とは異なり，知識詰込み一辺倒の受験生類型とは異なる多様な層が選抜できるかのようにイメージされている[1]。しかしながら，イメージされるものと異なり，多面的評価を行ったからといって，大学の受験者や入学者の層が多様になるとはかぎらない。その点を以下では数字的に示してみたい。

次の図２－１および図２－２は，一面的評価を行った場合と多面的評価を行った場合で合格者に生じる特性の分布がどのようになるのかを確認するために，意図的に作成したデータによるシミュレーションの結果を示している。シミュレーションといっても複雑なことをしているわけではない。相互に独立した３つの特性を仮定し，その架空の３つの特性ごとに50名分の得点をコンピュータでランダムに発生させている。図中で「学力」，「体力」，「性格」と書き込んであるのは，イメージしやすいようにラベルを貼っているだけで，実際の測定値ではない。各特性の得点はランダムに割り当てられているので，相互の相関係数はいずれもほぼ０である。このような条件下で合格者を20名決定する際に，①「学力」の得点だけで合格者を決めた場合の合格者得点の平均と合格者得点の変動係数（分散を平均値で除したもので，分散同様にデータの散らばり具合を示す），②「学力」，「体力」，「性格」を多面的に評価した総合点で合格者を決めた場合の合格者得点の平均と合格者得点の変動係数，③比較のために用意した受験者50名全体の得点の平均と変動係数，の３つをそれぞれ棒グラフで表示している。平均値のグラフが図２－１であり，変動係数のグラフが図２－２である。

いわゆる学力のみの一面的評価にあたる①のパターンを示すのは，いずれの図でも３つ並んだ棒の一番左である。多面的評価にあたる②のパターンは真ん中の棒であり，③の全体平均は一番右になる。

まず図２－１を見てみよう。これは平均の値を示しているが，「学力」のみ

---

1　例えば，平成９年（1997年）の中央教育審議会第二次答申「21世紀を展望した我が国の教育の在り方について」では次のようなくだりがある。
「選抜方法の多様化や評価尺度の多元化は，子どもたちの個性の伸長を図るとともに，多様な学生を受け入れることによって大学の教育や研究の活性化に資するという観点からも重要であると考える。」（https://www.mext.go.jp/b_menu/shingi/chuuou/toushin/970606.htm）

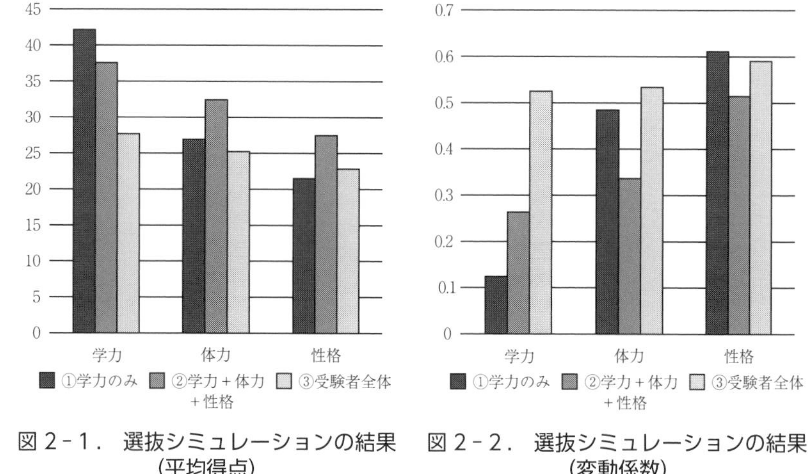


図２－１．選抜シミュレーションの結果（平均得点）

図２－２．選抜シミュレーションの結果（変動係数）

を基準として20名を選抜すると，当たり前だが合格者の学力の平均値は受験者平均より高くなる。しかし，この場合でも「体力」や「性格」の合格者平均は，受験者平均とほぼ同じである。これも数字に強い読者なら自明のことだが，相互に独立な３特性であるので，選抜に使用しない他の２つの特性は全体の分布と同じようになる。これは図２－２の変動係数のほうを見ると一層よくわかる。上位層のみを選抜しているわけだから「学力」の変動係数（データのばらつき）は当然ながら受験者全体より小さくなるが，他の２つの特性については，実は受験者の得点の散らばりと同程度にデータが散らばっているのが合格者集団ということになる。つまり，「学力」のみの選抜は，「学力」以外の特性の多様性には関知しない（すなわち受験者集団と同程度の多様性を確保できる）ということである。

次に，多面的評価をおこなった場合を見てみよう。これも図２－１の平均については常識的な結果ではある。３つの特性をすべて選抜に用いているので，合格者の平均得点はどの特性においても受験者平均より高くなる。しかし，図２－２の変動係数のほうをみると，３つのすべての特性において合格者の得点のばらつきは，受験者集団全体あるいは「学力」のみの一面的選抜の場合よりも小さくなっている，すなわちすべての特性で多様性が失われていることがわかる。

セレクション・バイアスのことを知っていれば，これらはいずれもうなずける結果ではあるのだが，このシミュレーションをあえて行ったのは，現実の議論においては「多面的に評価したほうが多様な人材が得られる」と思ってしまうケースが極めて多いと感じるからである。実際には，このシミュレーションのように，多面的評価が一面的な評価よりも合格者層をトータルでは画一化してしまう可能性がかなりある。

もちろん，具体的事例で考えたほうがわかりやすければ，次のような例を想定してもらえればよい。学力が天才的に高いけれども，スポーツはまったく苦手という受験生がいた場合，その受験生は「学力」のみの選抜では合格できるが，多面的評価では不合格になることがありうる。このように，特定の分野で突出した才能（おそらく大学でしばしば多様な人材を求めるときはこうしたものがイメージされているのではないか）は多面的評価では逆に漏れ落ちてしまうということが起こりうるのである。こうしたことをこのシミュレーションのような数値的な資料を用いて説明していくことも一定の意味がある。つまり，エビデンスは何も実際の調査データばかりでなくてもよく，論理的な説明やシミュレーション結果もありだということである。

◆◇◆

## 第４節　主体性評価を全員に課すことの意味

以上のように，多面的評価をすることは，必ずしも常識で想定されるような多様な人材の選抜を可能にするとは限らないという点で，その導入メリットとされる部分には大きな課題がある。一方で，もしこれが全面的にすべての選抜方式において求められるものであるとすると，逆に弊害のほうの大きさが懸念される。その弊害のうちでもっとも大きなものが，いわゆる「主体性評価」である。この点に関しても，筆者自身が様々な媒体で警鐘を鳴らしてきたことではあるが（例えば中村，2020），特に「主体性評価」をするための選抜資料として注目されている調査書の利用に関して，ここで再度データに基づいて考えてみたい。

実は，調査書を選抜資料として利用することをほとんどすべての受験生に課そうとする事態は，私たちの社会にとって未経験のものではない。なぜなら，高校受験における内申書重視の選抜が古くから行われてきているからである。したがって，この調査書利用の問題点は高校受験において指摘されてきた内申書の問題点にほぼ集約されている。例えば，調査書の評価は学校単位で行われるため，学校間の公平性が保てないという批判は昔からあった。また，これはもはや不公平というよりは不正に近いものであるが，単なる学校差だけではなく，内申点とも呼ばれる評定に関して，実際よりも良く見せようと教師が勝手に点数を操作してしまうという問題も，指摘されてきた。あるいは，すべての生徒が内申書を過剰に意識した生活を強いられ，“良い子”を演じなければならなくなる「良い子競争」といった側面も問題視されてきた。いずれも気になる問題群であるが，大学入試に主体性評価を導入するにあたっては，この最後の側面のリスクを，私たちはよくよく考えて制度化していく必要がある。筆者自身はこのことを高校生活の「受験従属システム化」と呼んでいる（中村，2021）。つまり，大学を目指す高校生にとっては，高校生活のすべてが受験を意識したものになってしまい，本来の高校生活のあるべき姿がゆがんでしまう面があると推測されるのである。以下ではこの点に関する調査データを少しだけ見てみたい。

筆者は高校受験と大学受験に関する全国調査を令和２年（2020年）３月に実施している。調査対象は令和２年（2020年）３月現在の高校１年～３年生2,997名である。サンプルは，株式会社マクロミルに登録された調査モニターを男女別・都道府県別に層化し，男女別の都道府県別高校生数の比率に比例する数をそれぞれ収集する形で回答を得た。したがって，男女比及び都道府県別高校生比率についてはほぼ全国の高校生分布と同じになっている。無作為抽出ではない点で，一定の留意が必要なデータであるが，事後的にいくつかの指標について確認してみたところ，例えば国公私立の割合や学科別の高校生の割合は全国の分布とおおむね一致していた。また，学年についても，各学年均等のサンプルサイズが得られている。こうしたことから，現時点では大きな偏りはないものと判断している[2]。

まず，次の図２－３をご覧いただきたい。これは回顧的に高校生に尋ねたものではあるが，調査書（内申書）をどの程度意識していたのかを尋ねたも

2　なお，この調査に関する第一次報告として，中村・林川（2021）を参照。

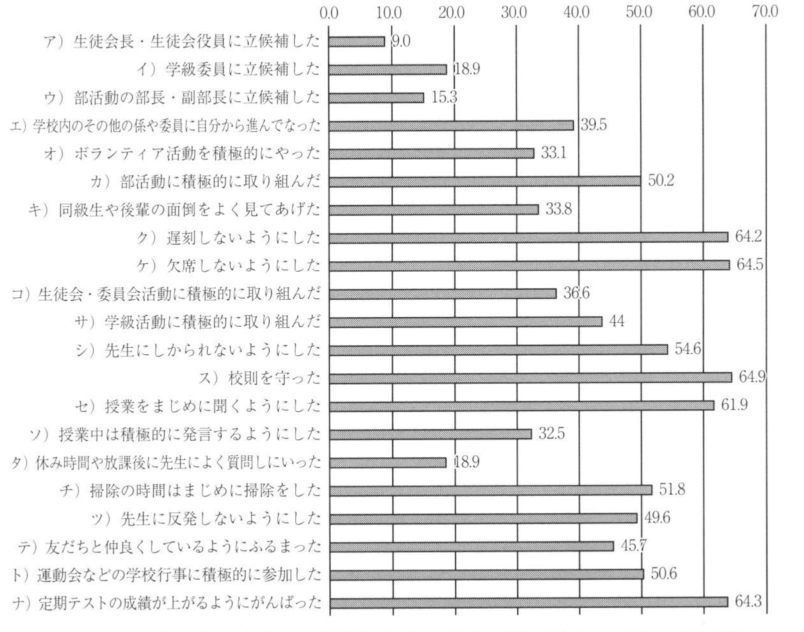


図2－3．中学校で内申書を意識していた程度（時期別・%）（中村・林川，2021）

図2－4．内申書を意識して行動した人の比率（%）（中村・林川，2021）

のである。当然ながら，学年が進行するに従って，意識は高まっていき，3年生時点では8割近い生徒が内申書を意識していたと回答している。

また，図2－4は，どのような活動について内申書を意識して行ったのかを尋ねたものである。これを見ると，項目によって割合の違いはあるものの，様々なことを内申書を意識しつつやっている実態が表れている。なお，各項目の行動については，内申書を意識したか否かに関わりなく，単純に「行ったかどうか」も尋ねているので，これらと組み合わせると，行動者の中で特に内申書を意識して行動した者の割合がわかる。図は省略するが，その比率はおおむね6割以上であり，中学生の行動が内申書と連動している状況が示されている（中村・林川，2021）。

これらの単純な集計データを見るだけでも，大学入試において主体性評価を入れることのリスクはかなり高いと推測することができるだろう。

ただし，受験生の側で調査書（内申書）による評価が忌み嫌われているのかといえばそうではない。今回の調査でも，「内申書を入試で使わないでほしい」とした人の比率は27.9%であり，一方で「学校での日常の態度や取り組みを入試で評価してほしい」とする生徒は65.8%もいる。筆者自身がかなり以前に行った別の調査でも，調査書（内申書）を支持する生徒の傾向として，高校入学難易度が高くない生徒ほど，また学校内の成績が良い生徒ほど肯定率が非常に高くなるという結果を得たことがある（中村，2011）。調査書選抜は全否定されるべきではなく，使い方を慎重に見極めれば受験生のニーズにもマッチしたものになりうる可能性もあるといえる。ここでもやはり，問題はすべての受験生に画一的な選抜方法を強いてしまう「受験従属システムの全域化」であることが示唆される。

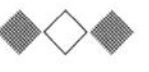

## 第5節　受験生の改革ニーズ

前節で用いたものと同じ調査で，今般の大学入試改革に関わる意識も尋ねている。受験生にどの程度改革へのニーズがあるのかという点も，改革を進めるにあたって考慮すべき実態と考えられる。そこで，最後にこの点についてもデータで確認してみよう[3]。

図2－5は大学入学共通テストにおける英語民間試験と記述式問題の導入について，高校2年生（現高校3年生）の大学進学希望者のみにサンプルを限定して「見送りになりほっとしたかどうか」を尋ねたものである。また，

3　本節の図2－5および図2－7については，すでに中村（2021）でも公表している。

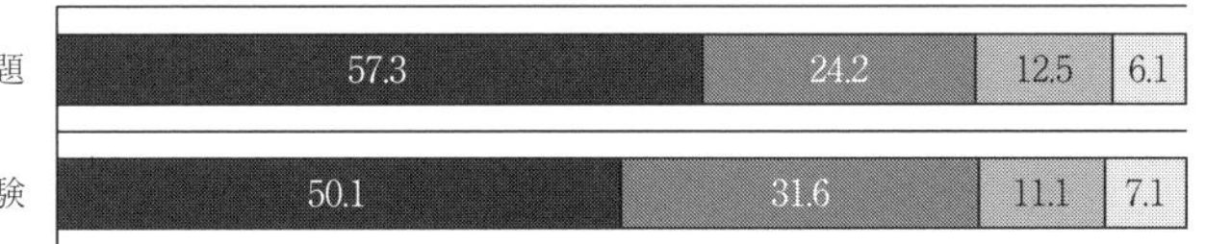


図２－５．「大学入学共通テストでの導入案（実際は見送り）について，
見送りになってほっとした」に対する回答の分布
（高校２年生の大学進学希望者のみ，％）（中村，2021）

| | あてはまる | ややあてはまる | あまりあてはまらない | あてはまらない |
|---|---|---|---|---|
| 記述式問題 | 5.2 | 13.1 | 35.0 | 46.7 |
| 英語民間試験 | 7.0 | 17.1 | 36.5 | 39.5 |

図２－６．「大学入学共通テストでの導入案（実際は見送り）について，
準備していたので見送りは残念だった」に対する回答の分布
（高校２年生の大学進学希望者のみ，％）

図２－６は逆に「見送りになり残念だったかどうか」を尋ねた結果を示している。

いずれも前例のない直前撤回だったにもかかわらず，記述式の問題や英語民間試験の問題でいずれも８割の高校３年生（大学進学希望者のみを集計，調査時２年生）が見送りや延期に「ほっとした」と回答している（図２－５）。また，「残念だった」と回答した生徒は少なく，７～８割の生徒はそう思わなかったと回答している（図２－６）。これらの数字をみれば，やはり受験生にたいへん負荷の大きい改革案であったことは明らかだろう。

また，一連の改革の方向についても，７割から８割程度の高校生が諸改革の導入に積極的な気持ちはもっていないこともデータに示されている（図２－７）。このデータは，入試制度変更は，これまでに蓄積されたノウハウが使えず，受験生の動きも変わり，予測も難しくなり，結果として将来不安も高まってしまう，という当たり前のことを示しているだけだろうと個人的には思う。ただ，そうではあっても，受験生側にほとんど改革へのニーズがないのだという事実認識は改革する側に必要である。そして，そのためには，

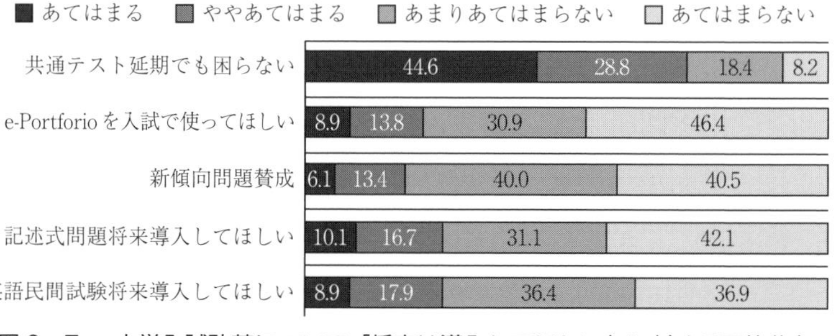


図２-７．大学入試改革について「将来は導入してほしい」に対する回答分布（高校生全体の大学進学希望者のみ）

きわめてシンプルなグラフのデータではあるけれども，こうしたエビデンスを提示していくことは非常に重要だといえるだろう。なぜなら，このような一見当たり前のような現実でさえ，エビデンスがなければ感じられない論者も意外に多くいるからである。

◆◇◆

## 第６節　これからの入試制度を考えるために

「大学入試のあり方に関する検討会議」での報告の最後に，筆者はいくつかの提案を行っている。例えば，「入試で教育を変えようとしないこと」がその１つである。入試が教育を変える力を持っているのは確かである。しかし，本章で議論してきた多面的評価の導入の例に見られるにように，入試を変えることで変わる必要がなかった従来の教育の良い部分まで悪い方向に変わってしまうということは，比較的容易に起こりうる。それはこれまでの入試改革が意図通りにはいかなかったことを見ても明らかであろう。つまり，改革推進者による入試の波及効果への期待は，かなり楽観的すぎるのである。

私たちは，負の波及効果の影響を容易にはコントロールできない，ということを自覚する必要がある。高校入試における調査書重視選抜への改革が行われた1960年代，東京では特定の進学校への競争を緩和すべく学校群制度を導入した。都立高校への過度の競争は，ある程度緩和されたようにも見えたが，その一方で都立離れや私立中学受験を過熱化させた。そして，いま都立高校の入試に学校群制度はない。一方で，東京の私立中学受験はさらにエスカレートしているようにさえ見える。つまり，トータルで見て，競争緩和策としての学校群制度の導入は，あまり成功したように見えないのである。それは，個々の受験生の行動を事前に予想して行政がコントロールすることは困難だからであろう。

令和２年（2020年）９月23日の東北大学高等教育フォーラムでは，主体性評価に関する議論の中で，「試験あるところに対策あり」という指摘があった。まさにそのとおりであり，日本の大学入試がハイステークスな試験であり続ける限り，いかなる善良な意図があって入試を改革しても，結局はその隙間を潜り抜けようとしたり裏をかいたり，ポイントを絞って特訓したり，といった受験対策は必ず出てきてしまう。入試結果が受験生にとって大きな意味を持つ以上，そうした対策を責めることは決してできないし，それを学校，塾や予備校がサポートすることも非難できないし，するべきでもない。この環境下で「入試を変えれば教育が変わる」式の改革思想を堅持することがスマートなやり方なのかどうか，慎重に考える必要がある。

また，トップダウンの改革は，しばしば全体を一気に大きく変えることを好みがちである。しかし，この手の改革はしばしば現場の多様性を無視しがちであり，改革理念に多様性を掲げながら実は「画一化」に貢献するという側面がある。それは本章の中で示したシミュレーションの結果にも似ている。高等教育フォーラムの中でも指摘されていたように，すべての発達段階で学力の３要素を全員がやらなければならないような仕掛け作りは好ましいものとはいえない。結局それは，画一化であり，その方針が間違っていたら全員が間違うという大きなリスクを社会全体が背負うことになってしまう。

では，波及効果を期待したり，画一的な理念の浸透を目指したりする改革思想を，いかに現実的な認識に基づくものに変えていけるのか。それこそが実は本当の改革である可能性がある。妙案はないが，さしあたり現実に根差した受験生支援を行うためには，データや専門的研究の知見など，エビデンスに基づいた入試制度の研究・考察がぜひとも重要になる。本章でもささやかながら数値やデータを用いた検討をおこなったが，結局はこうした地道な知見の積み上げがもっとも有効なのかもしれない。それに加えて，専門家，現場教員，受験生などの意見をボトムアップで吸い上げていく仕組み作りも，

本来は行政の内部に必要だと思われる

いずれにしても，入試改革には特効薬はないとの認識の下で，丁寧かつ慎重な論議が今後も継続して行われることを望みたい。

## 文 献


天野 郁夫（1992）．大学入学者選抜論 IDE 現代の高等教育，*338*，5-12.

荒井 克弘（2020）．高大接続改革の現在 中村高康（編） 大学入試がわかる本――改革を議論するための基礎知識――（pp.249-272） 岩波書店

荒井 克弘・橋本 昭彦（編）（2005）．高校と大学の接続――入試選抜から教育接続へ―― 玉川大学出版部

中央教育審議会（1997）．21世紀を展望した我が国の教育の在り方について（中央教育審議会第二次答申） 文部科学省 Retrieved from https://www.mext.go.jp/b_menu/shingi/chuuou/toushin/970606.htm（2021年4月11日）

高大接続システム改革会議（2016）．高大接続システム改革会議「最終報告」 文部科学省 Retrieved from https://www.mext.go.jp/component/b_menu/shingi/toushin/__icsFiles/afieldfile/2016/06/02/1369232_01_2.pdf（2021年4月11日）

宮本 友弘・倉元 直樹（2016）．国立大学における個別学力試験の解答形式の分類 日本テスト学会誌，*13*，69-84.

中村 高康（1996）．推薦入学制度の公認とマス選抜の成立 教育社会学研究，*96*，145-165.

中村 高康（2011）．大衆化とメリトクラシー――教育選抜をめぐる試験と推薦のパラドクス―― 東京大学出版会

中村 高康（2020）．生活全部が「受験」になる…大学入試改革「主体性評価」の危うさ――高校生活の「受験従属システム化」―― 現代ビジネス Retrieved from https://gendai.ismedia.jp/articles/-/71054（2020年12月29日）

中村 高康（2021）．大学入試改革は「失敗」から何を学ぶべきか 中央公論，*135*（2），64-71.

中村 高康・林川 友貴（2021）．高校入試における調査書の意味と機能に関する実証的研究（1）――「入試制度と学校生活に関する調査」の仕様と基礎分析―― 東京大学大学院教育学研究科紀要，*60*，578-590.

東北大学（2018）．平成33年度（2021年度）入学における本学の基本方針について（予告） 東北大学入試センター Retrieved from http://www.tnc.tohoku.ac.jp/images/news/H33housin.pdf（2021年4月11日）

# 第3章

# 主体性評価と調査書
## ——心理計量学からのアプローチ——

脇田　貴文

## 第1節　主体性評価の現在

主体性をどのように評価するのか，これは現在，各大学が頭を悩ませている問題ではないだろうか。この章では，主体性評価に関して心理計量学的視点から考察する。あらかじめ断っておくが，筆者の立場として主体性評価に反対しているわけではない。むしろ適切な評価がなされるのであれば推進するべきものであると考えている。

### 1．これまでの経緯

主体性評価がどのような経緯で現在の形になったかは必ずしも明確ではない。『大学入試が分かる本　改革を議論するための基礎知識』と題した中村（2020）の書籍の各章（特に序章，Ⅰ1・2・3章，Ⅲ1・5章）においても各著者がそれぞれの視点から論考しており，様々な流れが存在していることは明らかである。

中心に据えられるものとしては，平成19年（2007年）に改正された学校教育法第30条2「生涯にわたり学習する基盤が培われるよう，基礎的な知識及び技能を習得させるとともに，これらを活用して課題を解決するために必要な思考力，判断力，表現力その他の能力をはぐくみ，主体的に学習に取り組む態度を養うことに，特に意を用いなければならない。」[1]が挙げられる。これに関して，溝上（2017）は，「基礎的な知識・技能，思考力・判断力・表現力等の能力，主体的に学習に取り組む態度と簡略化して紹介されることが

1　https://elaws.e-gov.go.jp/document?law_unique_id=322AC0000000026_20200401_501AC0000000044

多い。」としている。さらに，平成26年（2014年）の「新しい時代にふさわしい高大接続の実現に向けた高等学校教育，大学教育，大学入学者選抜の一体的改革について～すべての若者が夢や目標を芽吹かせ，未来に花開かせるために～（答申）」（中央教育審議会，2014）（以下，答申）では，「学力の三要素を，社会で自立して活動していくために必要な力という観点から捉え直し，高等学校教育を通じて（i）これからの時代に社会で生きていくために必要な，『主体性を持って多様な人々と協働して学ぶ態度（主体性・多様性・協働性）』を養うこと，（以下略）」としている。ポイントは，学校教育法にある「主体的に学習に取り組む態度」と，上記答申の「主体性を持って多様な人々と協働して学ぶ態度（主体性・多様性・協働性）」が，同じものをさしているかどうかである。

心理学では，構成概念を扱う。構成概念とは，実体としては存在しないものの，そのようなものが存在すると仮定すれば，人の行動や考え方などが説明できるものである。例を挙げれば，学力（学力が高いから試験の点数が高い），愛情（愛情が深まったから結婚した），お店に対する満足度（満足度が高いからリピーターになっている）など，世の中には構成概念が溢れている。話を戻すと，「主体的に学習に取り組む態度」も構成概念である。また，「主体性を持って多様な人々と協働して学ぶ態度」，「主体性」，「多様性」，「協働

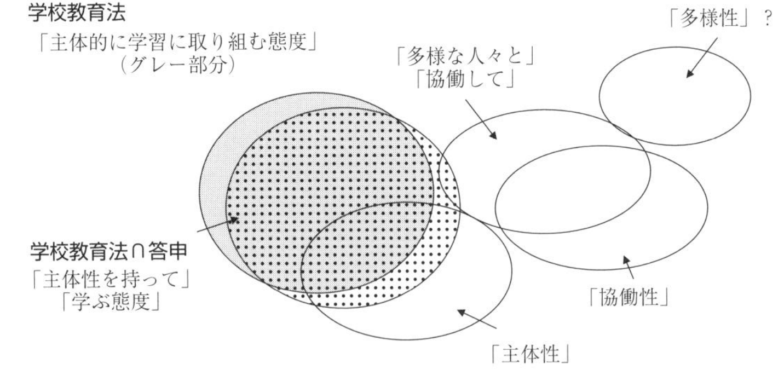

図３-１．学校教育法と答申の文言の概念図

性」も構成概念である。あくまでイメージであるが，これらを図示（図3－1）することを試みた。

学校教育法と答申が同じもの（主体性）を示しているのであれば，２つの円が重なり，このような複雑な図にはならない。図３－１のように，学校教育法の「主体的に学習に取り組む態度」と答申の「主体性を持って学ぶ態度」は，ほぼ同じことを示している。図を複雑にしている原因は３つある。

１つ目は，答申において，「多様な人々と協働して」という文言が入ったことである。この部分は，学校教育法の「主体的に学習に取り組む態度」には含まれない。

２つ目は，「多様な人々と協働して」の部分の「協働性」は良いが，「多様性」という言葉をあてたことである。厳密には，「多様な人々と協働して」と「多様性」は異なるものと言えるのではないだろうか。この「多様性」が，「多様な入試」，「多様な入学者」という文言と混じり合い，混乱をもたらしている。

３つ目は，学校教育法の「主体的に学習に取り組む態度」と「主体性」が同義なのか，という問題である。たしかに，「主体的」，「主体性」は似ているが，あくまで前者は「主体的に学習に取り組む」であり，学習に対する「主体性」である。この部分を，「主体性」という言葉で表したために，学校教育法の「主体的に学習に取り組む態度」や答申の主の部分「主体性をもって学ぶ態度」と乖離が生まれたと考えられる。そしてこの乖離こそが，この主体性評価の最大の問題点であろう。

入試改革の議論では，このような言葉が乱立し，資料によっても若干ニュアンスが異なり変遷がある。学校教育法と答申を比較しただけでもこのような混乱が生じていることからも，「主体性」という構成概念がいかに複雑で，かつ曖昧なものであるかがわかるだろう。そしてこの曖昧さが，入試改革の方向性にも混乱をもたらしているのではないだろうか。

それでは次に，現在，大学入試において「主体性評価」として何が評価されているかを見ていく。

## 2．近年の大学入試における主体性評価

大学入試における主体性評価は着実に推進されている。例えば，「平成33

年大学入学者選抜実施要項の見直しに係る予告」（文部科学省，2017）においては，「1．趣旨」として「最終報告を踏まえ，各大学の入学者選抜において，卒業認定・学位授与の方針，教育課程編成・実施の方針を踏まえた入学者受入れの方針に基づき，『学力の3要素』（『知識・技能』，『思考力・判断力・表現力』，『主体性を持って多様な人々と協働して学ぶ態度』）を多面的・総合的に評価するものへと改善する。」とされている。前項の議論を持ち出せば，ここでは「主体性を持って学ぶ」というあくまで学習に対する「主体性」としている。またそれに続く，「一般入試の課題の改善」では，「①筆記試験に加え，『主体性を持って多様な人々と協働して学ぶ態度』をより積極的に評価するため，調査書や志願者本人が記載する資料等（※）の積極的な活用を促す。各大学の入学者受入れの方針に基づき，調査書や志願者本人の記載する資料等をどのように活用するのかについて，各大学の募集要項等に明記することとする。※その他，エッセイ，面接，ディベート，集団討論，プレゼンテーション，各種大会や顕彰等の記録，総合的な学習の時間などおける生徒の探究的な学習の成果等に関する資料やその面談など。」とされている。ここでのポイントは「調査書や志願者本人が記載する資料等（※）の積極的な活用を促す。」である。積極的に，調査書等を活用するように求めている。この※も後の議論に重要であるが，ここでの議論を進める。

このような方針に基づき，いくつかの大学における入試で「主体性評価」がなされている。これらは「主体性評価」の先駆けであり，今後の大学入試にとって重要な事例である。例えば，令和3年度（2021年度）関西学院大学教育学部初等教育学コースでは，主体性評価方式として，学科試験に書類審査（調査書）を加えた入試を行っている。また，佐賀大学においては，令和3年度（2021年度）入試から，一般選抜において主体性等の評価を実施する特色加点制度を拡大している。このような主体性評価の流れは各大学に広まっており，また評価の方法に関しても，学科試験と併せた合計点をもって合否判定を行う方法，ボーダーラインの受験生に対してのみ主体性評価を行う方法，調査書，自己推薦書，調査書の内容をあらためて自己報告させ，それを評価する方法（英語民間試験でCEFR基準○であればチェックさせる）など，各大学において工夫がなされている。

◆◇◆

## 第２節　従来の学力評価に関わる心理計量学的アプローチ

主体性評価を考える際に，どのような資料をもとに，どのように評価（点数化）し，それらを用いて合否を判定するかは複雑な問題である。さらに，学力の評価と主体性の評価を総合して評価することを考えるとより悩ましい問題がある。そこで，はじめに，これまで長年にわたり大学入試において評価の対象となってきた学力評価（学力試験）がどのような考えに基づき，合否査定に用いられているかを心理計量学的視点から述べる。その上で，主体性評価をどのように行うかを考察する。

### １．学力テストに求められる心理計量学的特性

学力テスト（以下，テスト）において重要な心理計量学的特性は，信頼性，妥当性と呼ばれるものである。いかに適切な試験問題を作成するかは，作題者にとって最も重要であり，心血を注ぐ部分である。これは大学入学共通テスト（旧大学入試センター試験），各大学の個別学力試験，英語民間試験に代表される民間の資格試験においても共通している。また，大規模な試験だけでなく，高校など学校教育現場で行われている定期試験等でも教師はいかに適切な試験問題を作るかに，多大な時間と労力を費やしている。

ここでは，テストの得点分布の観点，テストの信頼性の観点，テストの妥当性の観点，テスト問題の困難度と識別力の観点を概観する。

#### 1.1.　テストの得点分布の観点

テストにおいて重要なのは，その目的である。教育評価の分野では，「形成的評価」，「総括的評価」という用語がある。形成的評価は，学習後に，その学習内容がどの程度理解され，定着しているかを評価するものである。授業内で行われる小テストなどが相当する。この評価を行う場合，図３－２（左）のように，テストは満点の人が続出していても問題なく，よく定着しているので，次の単元に進むという判断ができる。ある評価基準が存在し，その基準を超えられるかどうかに意味がある絶対評価であるといえる。

一方，総括的評価は，あるプログラムや講義などある程度まとまったカリ

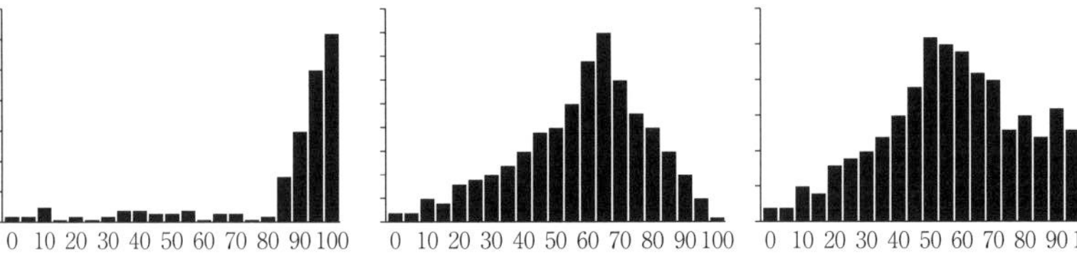

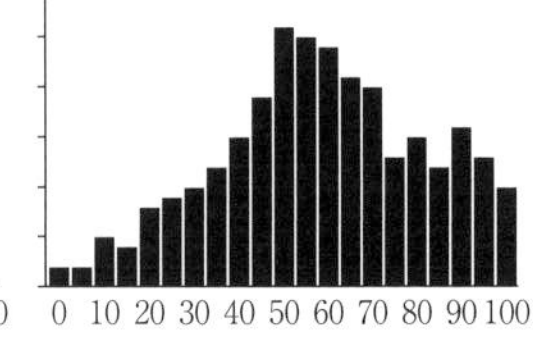


図３－２．得点分布の例

キュラムを行った後に行う評価である。これは学校の定期試験や実力テスト，大学入試も高校までの学習の成果を総括した評価を行うという意味では総括的評価になる。この評価においては，形成的評価と同様，絶対評価を意図した場合と，大学入試のような選抜，つまり相対評価を意図した場合の２通りがある。後者の場合，得点分布が偏っている（ほとんどの人が満点の場合，０点という場合，さらに平均点が80点であっても，ほとんどの人が80点のような場合），言い換えれば，個人差が表れていない場合には実用的であるとはいえない。

また，図３－２の（中・右）に関しては，左の図に比べて，個人差の測定という点で優れている。どちらが良いかについては，基準とする点数が何点か（合格者を何名とするか）による。これは後述するテスト項目の困難度の観点とも関連する。

### 1.2.　テストの信頼性の観点

定期試験のような試験では問題とされることはないが，大学入試や民間の資格試験等ではテストの信頼性が担保されていることが必要になる。テストの信頼性とは，ある測定したい概念（大学入試では学力，より細かくいえば英語力など）を測定する際の測定精度のことである。

専門的には，従来のテストの信頼性は，観測得点（X）＝真の得点（T）＋誤差（E）という基本モデルに基づく古典的テスト理論において定義されている。英語力を測定するテストで説明すると，この式の意味するところは，観測得点，つまり英語のテスト得点は，真の英語力を表す得点と誤差の和で表されたものであるということである。言い換えれば，観測されたテスト得点には，測定したい本当の力を示す得点と誤差が混じっていることを示している。

この文脈において，信頼性の高いテストとは，この誤差が少ないテストといえる。つまり，観測されたテスト得点が，測定したい本当の力を示す得点とほぼ等しい場合のことである。この信頼性を表す指標である信頼性係数は，真の信頼性係数（$\rho$）= $\frac{\sigma^2(T)}{\sigma^2(X)}$ で定義される。誤差が存在しない測定の場合 $\rho = 1$ となる。学力試験のようなテストではこの信頼性が0.9以上あることが望ましいとされている。しかし，この信頼性係数は直接計算できないため，推定する必要がある。その推定方法として用いられるのがCronbach's $\alpha$や再検査信頼性である（近年，McDonald's $\omega$という指標も普及している）。

前者のCronbach's $\alpha$は，テスト内の項目の内部一貫性の指標でもある。テストに含まれる項目が，同じ構成概念を測定している場合には，この値が1に近づく。「テストに含まれる項目」なので，複数項目による測定を想定している。例えば，50問の英語のテストにおいて，1問目も，2問目も，3問目も，すべての問題が同じ英語力を測定している場合に信頼性が高いテストであるという。1つのライト（項目）で何かを照らした場合，それはあまりハッキリ見えないだろう。見たい物に複数のライト（項目）を集中して当てれば，見たいものがハッキリ見えるようになるというイメージである。

後者の再検査信頼性は，一定の間隔をおいて同じテストを実施した場合に，1回目の結果と2回目の結果との相関係数として表される。心理学における測定では用いられる方法であるが，学力試験の場合，1回目と2回目に同じ問題を提示して実施するということは実質的に意味がないため，用いられることは少ない。

### 1.3.　テストの妥当性の観点

テストの妥当性とは，そのテストが測定したい構成概念を測定できているかを表す概念である。英語力を測定するテストとして，発音問題だけで構成されたテストがあった場合，それは英語力ではなく，あくまで発音に関する能力の問題となる。それは，発音問題ができる人が，読解問題もできるとはいえないということを考えれば納得がいくだろう。テストの妥当性に関しては，さらに細かい考え方がある。大学入試のテストにおける妥当性に絞って紹介するが，大学入試問題の妥当性とは何かを考えると，その回答は非常に難しい。

まず作問段階として，測定したい学力（能力）を測定できる問題となっているかが内容的妥当性（もしくは表面的妥当性）と呼ばれる妥当性である。大学入学共通テスト等で，試験後に予備校等が「良問であった」というようなコメントを発表するが，これも内容的妥当性を表すものの1つともいえるだろう。

実施後の段階において検討の対象となるのが構成概念妥当性（因子的妥当性）である。これは，因子分析といった統計手法を用いて行い，上述の信頼性と合わせて検討される。さらに，項目反応理論（Item Response Theory: IRT）のようなテスト理論に基づき検討がなされることもある。最後に，大学入試の文脈においては，入学者の在学成績を基準にした検討，予測的妥当性の検討が考えられる。これは，（入学）試験の成績が，将来の（在学）成績をどの程度予測するかというものである。在学成績を予測できるテストが，妥当性のあるテストであるということになる。しかし，実際には相関係数の切断効果により，このことを示すのは困難である。

このように，大学入試のテストにおいても，さまざまな妥当性が存在する。しかし，社会的に認知されやすいのは内容的妥当性であり，それ以外の妥当性に関しては試験実施機関，大学内において検討されるため，公表されることはほとんどないが，試験実施者は常に意識をしている重要な観点である。

### 1.4. テスト問題の困難度と識別力の観点

テストを構成する問題の特徴を表す考え方として，困難度と識別力がある。困難度とは，テスト問題の難易度であり，ある集団に試験を実施した場合に，その集団において何％の受験者が正答したかを表すものである。大学入試におけるテスト問題としては，理想的には100%に近い，もしくは0％に近い正答率の問題は望ましいとはいえない。それは，その問題が個人差を測定できていないからである。

困難度の考え方に関しては，一般的なものであり混乱はないだろう。何かしらの議論があるとすれば，配点の存在である。すべての問題が同一配点の場合と傾斜配点の場合では，当然結果が異なる。おそらく困難度が高い問題では，配点が高く設定されるのが一般的であろう。どのような配点を行うかに関しても，試験の結果を左右するため重要であるが，受験者も，子どもの

$r$=.54

| ID | Q1 | Q2 | Q3 | Q4 | Q5 | Q6 | 合計点 |
|---|---|---|---|---|---|---|---|
| 1 | 1 | 0 | 0 | 1 | 0 | 1 | 3 |
| 2 | 0 | 1 | 1 | 1 | 0 | 0 | 3 |
| 3 | 0 | 0 | 0 | 1 | 0 | 1 | 2 |
| … | | | | | | | |
| n | 0 | 0 | 1 | 0 | 0 | 0 | 1 |
| 困難度（通過率・正答率） | 0.42 | 0.38 | 0.8 | 0.75 | 0.62 | 0.21 | |
| 識別力 | 0.54 | 0.34 | 0.24 | 0.02 | 0.26 | 0.18 | |

図３－３．IT 相関の考え方

頃から受ける数限りない「試験」の中で，配点があることが当然であり，そこに疑問を持つことは少ないだろう。

識別力は，古典的テスト理論の文脈では，端的には，ある問題に対する正答・誤答が，テストの得点とどの程度関連しているかを示す概念である。図３－３に示したように，例えばＱ１の識別力は，Ｑ１と合計点の相関係数で表される。これがIT相関（Item-Total Correlation）と呼ばれる指標である。IT相関に関しては，当該項目を削除した合計点との相関係数を求めるべきという議論も存在する。

この相関係数の理解は，値が大きければ，当該項目がその他の項目と同様の構成概念を測定しているといえる。一方，低ければ，当該項目が別の構成概念を測定していることになり，必ずしも適切な項目とは言えなくなる。たとえば，図３－３のＱ４は，このテストが測定する構成概念を測定する他の項目とは異なる構成概念を測定していると考えられ，合計得点に含めるべきでない可能性がある。

なお，識別力に関しては，IRTの文脈では少し異なる理解をする。この点に関しては，IRTを扱った他書を参照されたい。

## 第３節　主体性評価に関わる心理計量学的アプローチ

### 1．調査書記載事項と主体性との関係（主体性評価の妥当性の観点）

この節では，主体性評価に関して，先のテストの妥当性の視点を入れて検討する。主体性とは何かという定義に関しては，第１節で述べた通り様々な考え方がある。ここでは，理想的には，「主体的に学習に取り組む態度」を測定・評価することを念頭におく。しかし，実際には，現在なされている（もしくは行おうとされている）調査書等に記載された事項を評価対象とするという観点で進める。

そもそも調査書には，何が記載されているのだろうか。「令和３年度大学入学者選抜実施要項」（文部科学省，2020）で示されている記載事項は以下のとおりである（図３－４参照）。１～４に関しては，氏名等の基本的情報及び，学習の状況であり，学習の状況に関しては「主体性評価」の対象とされることは少ないという現状がある。その理由としては，概評があるものの，高校によって評定のつけ方に差違があり，A 高校の4.0と B 高校の4.0を同様に扱って良いのかという議論があるためであろう。

「5. 総合的な学習の時間の内容・評価」に関しては，活動内容とその評価が記載される。この部分に関しても，多種多様であり，大学入試においてどのように評価を行うのかは悩ましい。もっとも「主体性評価」の対象とされうるのが，「6. 特別活動の記録」および「7. 指導上参考となる諸事項」である。６は，生徒会活動，学級における役割，係等が記載される。７では，「(1) 学習における特徴等」，「(2) 行動の特徴，特技等」，「(3) 部活動，ボランティア活動，留学・海外経験等」，「(4) 取得資格，検定等」，「(5) 表彰・顕彰等の記録」，「(6) その他」で構成される。記載の分量に制限はない。

項目ごとに，「主体的に学習に取り組む態度」との関係，実際の評価との関係を見ていく。「主体的に学習に取り組む態度」に最も関係するのは「(1) 学習における特徴等」，「(2) 行動の特徴，特技等」の記載事項であろう。例えば，真面目に取り組む，コツコツ取り組むなどの記載がなされる。その点からすれば，高校生が主体的に学習に取り組んでいるのかが表れる箇所だと思われる。一方で，記載者の主観が大きく関わる。この部分を評価しようとした際に，「非常に真面目である」と記載がある場合と「真面目である」と記載がある場合に差は存在するのだろうか。現実問題，この部分を積極的かつ公平・公正に評価することは不可能である。

「(3) 部活動，ボランティア活動，留学・海外経験等」であるが，この点に関しても「主体的に学習に取り組む態度」とどの程度関連があるのだろうか。はじめに，記載内容に関して見ていく。例えば，部活動は「主体的に学習に取り組む態度」と関連するだろうか。こうなると，「学習」とは何かという定義も必要になってくる。たしかに，部活動は「主体性」を反映するものかもしれない。しかし，「主体的に学習に取り組む態度」を反映しているとまでいえるだろうか。「学習」の定義については，英語や数学といった教科・科目の学業という意味なのか，人生における学びのようなより広い意味なのかによっても評価は分かれるだろう。

ボランティア活動や海外経験に関しても，「学習」とは何かによるかも知れない。高校時代に自ら留学を望んで海外経験を積んだ場合は，「主体的に学習に取り組む態度」といえるだろう。一方で，学校が主催する，全員が参加するようなプログラムの場合は必ずしも「主体的に学習に取り組む態度」とはいえない。さらに，保護者の都合等で海外生活をしていた場合も該当しないだろう。このように考えると，(3) の部分を正しく評価することは困難である。

「(4) 取得資格，検定等」に関しては，他に比べ客観的であろう。例えば英語民間試験は，「主体的に（英語）学習に取り組む態度」とみなしても良いかもしれない。その他の検定に関しても自ら学ぶ意志があって取り組み，受検をしていれば評価対象とすることは適切だろう。

「(5) 表彰・顕彰等の記録」に関しては，上記の (3) に対する客観的な指標となりうるだろう。しかし，必ずしも「主体的に学習に取り組む態度」を反映したものとはいえない。

このように「主体的に学習に取り組む態度」を測定・評価する際の，内容的な妥当性という観点では，調査書から得られる情報としてはそれほど適合するものはない。

別紙様式１
（表）

# 調　査　書

| ※ | ※ | ※ | ※ |
|---|---|---|---|

| １．ふりがな<br>氏　名 | 昭和<br>平成　　年　　月　　日生 | 性　別 | 現住所 | 都道府県　　市区<br>町村　　丁目　　番　　号 |
|---|---|---|---|---|
| 学校名 | 国立<br>公立<br>私立　　　高等学校<br>中等教育学校<br>特別支援学校<br>（分　校） | | 昭和<br>平成<br>令和　　年　　月 | 入学，編入学，転入学<br>（第　　学年） |
| 全・定・通 | 普通・専門（　　・　　）・総合 | | 昭和<br>平成<br>令和　　年　　月 | 卒　業<br>卒業見込 |

２．各教科・科目等の学習の記録

| 教科 | 科目 | 評定 第1学年 | 評定 第2学年 | 評定 第3学年 | 評定 第4学年 | 修得単位数の計 | 教科 | 科目 | 評定 第1学年 | 評定 第2学年 | 評定 第3学年 | 評定 第4学年 | 修得単位数の計 |
|---|---|---|---|---|---|---|---|---|---|---|---|---|---|
| | | | | | | | 総合的な学習の時間 | | | | | | |
| | | | | | | | 計 | | | | | | |

| ３．各教科の学習成績の状況 | 教科 | 国語 | 地理歴史 | 公民 | 数学 | 理科 | 保健体育 | 芸術 | 外国語 | 普・家庭 | 普・情報 | 全体の学習成績の状況 |
|---|---|---|---|---|---|---|---|---|---|---|---|---|
| | 学習成績の状況 | | | | | | | | | | | |
| | 教科 | | | | | | | | | | | |
| | 学習成績の状況 | | | | | | | | | | | |

| ４．学習成績概評 | 成績段階別人数 | | | | | | | | | | | |
|---|---|---|---|---|---|---|---|---|---|---|---|---|
| 段階 | A | 人 | B | 人 | C | 人 | D | 人 | E | 人 | 合計 | （　人）人 |

図３-４．調査書記載事項（表）（文部科学省，2020より）

（裏）

| ※ | ※ | ※ | ※ |
|---|---|---|---|

| 5．総合的な学習の時間の内容・評価 | 活動内容 | |
|---|---|---|
| | 評価 | |

| 6．特別活動の記録 | 第1学年 | 第2学年 | 第3学年 | 第4学年 |
|---|---|---|---|---|
| | | | | |

| 7．指導上参考となる諸事項 | | | | |
|---|---|---|---|---|
| | 第1学年 | (1)学習における特徴等 | (2)行動の特徴，特技等 | (3)部活動，ボランティア活動、留学・海外経験等<br>（注）具体的な取組内容、期間等 |
| | | (4)取得資格，検定等<br>（注）専門学校の校長会や民間事業者等が実施する資格・検定の内容、取得スコア・取得時期等 | (5)表彰・顕彰等の記録<br>（注）各種大会やコンクール等の内容や時期、科学オリンピック等における成績、時期<br>国際バカロレアなど国際通用性のある大学入学資格試験における成績、時期等 | (6)その他<br>（注）生徒が自ら関わってきた諸活動など |
| | 第2学年 | (1)学習における特徴等 | (2)行動の特徴，特技等 | (3)部活動，ボランティア活動、留学・海外経験等 |
| | | (4)取得資格，検定等 | (5)表彰・顕彰等の記録 | (6)その他 |
| | 第3学年 | (1)学習における特徴等 | (2)行動の特徴，特技等 | (3)部活動，ボランティア活動、留学・海外経験等 |
| | | (4)取得資格，検定等 | (5)表彰・顕彰等の記録 | (6)その他 |
| | 第4学年 | (1)学習における特徴等 | (2)行動の特徴，特技等 | (3)部活動，ボランティア活動、留学・海外経験等 |
| | | (4)取得資格，検定等 | (5)表彰・顕彰等の記録 | (6)その他 |

| 8．備考 | |
|---|---|

9．出欠の記録

| 区分＼学年 | 1 | 2 | 3 | 4 | 区分＼学年 | 1 | 2 | 3 | 4 |
|---|---|---|---|---|---|---|---|---|---|
| 授業日数 | | | | | 欠席日数 | | | | |
| 出席停止・忌引き等の日数 | | | | | 出席日数 | | | | |
| 留学中の授業日数 | | | | | 備考 | | | | |
| 出席しなければならない日数 | | | | | | | | | |

この調査書の記載事項に誤りがないことを証明する

令和　　年　　月　　日

学校名

所在地

校長名　　　　印　　　　記載責任者職氏名　　　　印

図３－４．調査書記載事項（裏）（文部科学省，2020より）

## 2．主体性を得点化すること（妥当性の観点）

大学入試において，評価をするということは，得点化をするということである。大学により名称は異なるだろうが，いずれの大学においても，査定点といわれる得点（例えば大学入学共通テストの得点と二次試験の得点の和）を算出し，順位をつけ，上位から合格とする。合否ライン上においては，1点の勝負になる。「1点刻みからの脱却」といわれているが，実際には1点刻みの段階が問われる（上げ足取りになるが，1点刻みではなく5点刻み評価するといっても，実際に合否ラインでは評価段階の差が問題であり1点刻みと同様といっても良いだろう）。

この議論は，先に述べた識別力の議論にも通ずる。1点刻みで評価できるということは，その点数における識別力が高いということ，一方，5点刻みで評価するということは，当該点数が，（1点刻みよりも）識別力が低い点数であることを認めることでもある。

合否判定において，査定点の1点の差が実質的な意味（実質的に学力の差を表しているか）があるかどうかは別として，1点の差が持つ意味は大きい。何かを評価し点数を付けるということは非常に重い行為である。それを踏まえて，主体性評価において点数を付けることを考える。議論を簡単にするために，主体性評価のみで合否判定を行うことを考えよう。例えば，生徒A～生徒Gの7名がいたとしよう。主体性評価の得点のみで，合格者1名を決めなければならないという状況におかれているとする。併せて，仮に当該内容を評価した，(仮) 主体性得点を提示する。

生徒A：CSEスコア1,800点の生徒A（準2級相当，CEFR A2）
　　（仮）主体性得点：20点
生徒B：CSEスコア2,000点（2級相当，CEFR B1）
　　（仮）主体性得点：30点
生徒C：GTEC1,000点（CEFR B1）
　　（仮）主体性得点：30点

さて，ここに，ボランティア活動と部活動を評価対象として欲しい生徒Dと生徒Eも加えるとする。

生徒D：ボランティア活動を高校3年間継続して行う
（仮）主体性得点：30点
生徒E：部活動（団体競技）で全国優勝をしている
（仮）主体性得点：30点

生徒Aと生徒Bは，英語民間試験の1つである実用英語技能検定が主体性を反映すると考えれば，CSEスコアが評価対象となる。

AとBを比較した場合，何点の点数差を持たせるかは別として，生徒Bの主体性得点は生徒Aに比べて高い得点を与えることに異論はないだろう。この時点で生徒Aの合格はなくなる。では，GTEC1,000点（CEFR B1；文部科学省（2018）による）という生徒Cをここに加える場合，生徒Bと生徒Cは同じ主体性得点を持つことになり甲乙を付け難い。

さて，生徒B，C，D，Eでは，誰を合格させれば良いだろうか。理想的には，この例では種目（英語・ボランティア活動・部活動）が異なるため，その学部のアドミッションポリシーを理由に1名を選ぶことは可能かも知れない。例えば，その学部ではボランティア活動を重視するとしたら，生徒Dの（仮）主体性得点を40点とすれば，生徒Dが合格となる。しかし，アドミッションポリシーに，「ボランティア活動を重視する」ことが明示されていることはほとんどなく，明示されているとしても他の内容と並列になっていることが多いだろう。とすれば，この結果に対して，生徒B，C，Eは納得できるだろうか。

生徒F：部活動（個人競技）で全国優勝をしている
（仮）主体性得点：40点
生徒G：部活動でキャプテン，3年間努力
（仮）主体性得点：25点

それでは，ともに部活動で全国優勝をしている生徒Eと生徒Fを考えよう。生徒Eは団体競技，生徒Fは個人競技である。さて，（仮）主体性得点が高いのはどちらだろうか。また，生徒Gは部活動の競技成績は芳しくないものの，キャプテンを務め，3年間努力をしたとする。これらの生徒にも

（仮）主体性得点を提示してみた。おそらくこの点数は，違和感を持つ配点であると思われる。例えば，生徒 E（団体競技）と生徒 F（個人競技）では F の点数が高いが，（仮）主体性得点として妥当だろうか。生徒 G の（仮）主体性得点は低いが，本当に競技成績が重要なのだろうか。このように様々な疑問が生じる。

現実に，このような状況で 1 名を決めるということはない，といわれるかも知れない。たしかにその通りである。しかし，入試という制度を考える際に，万が一にも起こる可能性があるのであれば，想定しておく必要がある。

この点に関して，もう 1 つハードルが存在する。それは得点開示である。「令和 3 年度大学入学者選抜実施要項」（文部科学省，2020）では，受験者本人への成績に関して，積極的に開示するよう努めること，試験の評価・判定方法についても情報開示に努めることが明記されている。また，大学入学者選抜の公正確保等に関する有識者会議（2019）の最終報告では，小論文，面接，実技検査等における公正確保として，調査書の内容も挙げた上で，「評価・判定の基準を標準化することが困難であり，評価者による評価・判定のばらつきを完全に避けることは難しいとの課題も指摘されている。」という認識が示されている一方，実際にどのようにするべきかまでは触れられていない。

上記の例で挙げた生徒 A～G は，すべて調査書に記載された客観的記述を基にした比較であるため，客観性は担保されているだろう。したがって，評価者による評価・判定のばらつきは生じないといって良い。まとめると，ここでの議論のポイントは，以下の 3 つである。

・評価する内容の重みづけ
　英語民間試験，ボランティア活動，部活動のいずれを重視するか
・部活動に関する記載のような単純に比較ができない内容をどのように扱うか
・各成果（記載内容）に対して，何点を与えるか

## 3．主体性得点の信頼性

先述したとおり，学力試験においては，信頼性が評価される。主体性得点で信頼性を評価することはできるのだろうか。学力試験の場合と主体性評価

の場合で比較してみる。信頼性を評価する場合のデータは，次の図３－５のようになる。左側が学力試験で，右側が主体性評価の例である。左側の学力試験の場合，正答が１，誤答が０で表されている。右側の主体性評価の場合は，項目に該当すれば１，該当しなければ０で示されている。学力試験の方は，１のセルが多い，また，複数の項目において１がついている人が多い。一方，主体性評価に関してはそもそも１のセルが少ない。これは，学力試験では，１問目も，２問目も，３問目も正答することは珍しいことではない一方，主体性評価では，CEFR B１のスコアを持ち，ボランティア活動もしており，部活動で優勝し，部活動でキャプテンをしている人が存在する可能性はあまりないだろう。

また，心理計量学としては，CEFR A２，CEFR B１，CEFR B２はガットマンスケールと呼ばれる状態になっている。ガットマンスケールとは，１つ目の項目に誤答したら，２項目目にも誤答することが確定するような状態である。つまり，CEFR A２は，CEFR B１の前提であり，CEFR A２とCEFR B１はCEFR B２の前提になるということである。言い換えれば，CEFR B２であるということは，CEFR A２，B１も達成できているということである。

このようなことから従来信頼性係数の推定値として用いられるCronbach's $\alpha$を主体性評価の信頼性係数として用いることは適切とはいえない。結論として，主体性評価は「尺度」として信頼性を有したものとして扱うことは困難といえるだろう。

さらに，図３－２の得点分布と同様に，主体性得点の分布で考えよう。図

学力試験の場合

| ID | 項目1 | 項目2 | 項目3 | … | 項目j | 合計点 |
|---|---|---|---|---|---|---|
| 1 | 0 | 1 | 1 | | 1 | 49 |
| 2 | 1 | 1 | 0 | | 0 | 82 |
| 3 | 0 | 1 | 1 | | 1 | 35 |
| 4 | 0 | 1 | 1 | | 1 | 69 |
| 5 | 1 | 1 | 1 | | 1 | 84 |
| 6 | 1 | 0 | 1 | | 0 | 78 |
| 7 | 0 | 1 | 1 | | 0 | 92 |
| 8 | 0 | 1 | 0 | | 1 | 54 |
| 9 | 1 | 0 | 0 | | 1 | 60 |
| 10 | 1 | 1 | 1 | | 1 | 81 |
| … | | | | | | |

主体性評価の場合

| ID | CEFR A2 | CEFR B1 | CEFR B2 | ボランティア | 部活動優勝 | 部活動キャプテン | … | 合計点 |
|---|---|---|---|---|---|---|---|---|
| 1 | 1 | 1 | 0 | 0 | 0 | 1 | | 3 |
| 2 | 1 | 0 | 0 | 0 | 0 | 0 | | 1 |
| 3 | 1 | 0 | 0 | 0 | 1 | 0 | | 2 |
| 4 | 0 | 0 | 0 | 0 | 0 | 0 | | 0 |
| 5 | 1 | 1 | 1 | 0 | 0 | 0 | | 3 |
| 6 | 0 | 0 | 0 | 0 | 0 | 0 | | 0 |
| 7 | 1 | 1 | 0 | 1 | 0 | 0 | | 3 |
| 8 | 1 | 0 | 0 | 1 | 0 | 0 | | 2 |
| 9 | 1 | 1 | 0 | 0 | 0 | 0 | | 2 |
| 10 | 0 | 0 | 0 | 0 | 0 | 0 | | 0 |
| … | | | | | | | | |

図３－５．調査書記載事項による主体性評価と学力試験のデータの比較

3－5のデータ例から分かるように，大部分の人が同じような点数になってしまい，個人差の測定という観点では適切な尺度にはならない。困難度の観点からしても，英語民間試験は別として，ボランティア活動や部活動の成績，生徒会活動に関しては出現頻度が低く，非常に高い困難度になっている。識別力の観点からすると，ある項目が，合計点と関連が強いということもいえない。

### 4．合計得点（評価得点）の妥当性

大学入試では，合否判定をする際に，1つの査定点を用いることがほとんどである。一般入試等で主体性評価を導入するには，学力試験の点数と主体性評価の点数を合成する必要がある。

前項までに，学力試験と主体性評価に関して，求められる心理計量学的特性の観点から検討を行った。心理計量学的アプローチからすると，学力試験と主体性評価は相容れない，むしろ逆方向ともいえる心理計量学的特性が求められている。識別力が高く，個人差を測定しようとする学力試験と，識別力は低く，できる限り個人差の識別は無くそうとする主体性評価を合わせて合成得点を求めることは矛盾するのではないだろうか。

まとめると，主体性評価に関しては，従来，学力試験に求められていた心理計量学的特性を有するとはいえない。学力試験は，個人差を適切に測定すること，測定したい学力を適切に測定するため識別力の高い項目（問題）を作成することをめざしてきた。一方，主体性評価に関しては，いまだ発展途上ではあるが，現在の各大学の扱い方を考えると，配点を小さくする，もしくは全員にほぼ同様の得点を与えるなど，いかに識別力を落とすかを考えているようにも思える。これは成績開示や説明を求められた際の，説明責任にも関連するだろう。となると，そもそも「主体性を評価する」とはどのようなことかを改めて考える必要がある。

## 第４節　主体性評価と調査書，そして今後

主体性評価のための資料として調査書を用いることはできるのだろうか。

前節で見たように，調査書記載の内容は必ずしも主体性評価には繋がらないように思われる。その理由の1つは，調査書が受験者本人ではなく，高等学校（学級担任が作成し，学校長名で発行）が作成するものであるため，できる限り客観的な事実しか記載できないからである。もちろん，「7. 指導上参考となる諸事項」において，客観的事実以外を記載することもできるが，それはあくまで記載者の主観になり，大学入試に利用することは適切ではないだろう。

また，調査書の問題点に関しては，記載事項のブレなどについて，脇田・北原・小泉・井村・中田（2017）で報告している。例えば，検定等の名称の表記の揺らぎ，時期の記載（西暦か和暦かなど），そもそも誤記載が疑われるものが散見される。これらの問題点については調査書のデジタル化で解決できるが，前節で述べた問題点の根本的な解決には繋がらない。やはり調査書は，証明書的な役割が大きいのではないだろうか。

それでは今後，学校教育法にある「主体的に学習に取り組む態度」の意味での主体性をどのように評価するべきであろうか。誤解を怖れず，私見を交えて提案を行う。

はじめに，学力試験と調査書記載事項から主体性の評価を行い，両者の得点を合わせて合否判定を行うことは避けるべきであろう。これは，評価対象となる構成概念が異なるため，当然のこととも いえる。学力を評価するのであれば学力試験を用いる方式で，主体性を評価するのであれば主体性評価を用いる方式で別方式として実施し，合否判定を行う方が望ましいかもしれない。つまり，現在行われているように前者は各大学の一般選抜で，後者は総合型選抜で評価し入学者（合格者）を決定すれば良いのではないだろうか。学力試験と主体性評価を合わせることで，これまで積み重ねて発展させてきた様々なノウハウ，メリットを相殺してしまう可能性もある。

次に，「主体的に学習に取り組む態度」を評価する，また，それを一般学力試験の入試に用いるにはどうすれば良いかを考えると，これは遠回りかも知れないが，「主体的に学習に取り組んできた生徒」が，高得点を取れるような学力試験問題を作成するのが最も効率的かつ合理的，公平・公正，妥当であろう。先日，第1回の大学入学共通テストが実施された。専門外ではあるが，様々な報道等をみると「思考力」が求められているなど，これまでとは異なる力を測定していたと考えられる。大学入学共通テストに関して言えば，確実に「主体的に学習に取り組む態度」をもった学生が高得点になるような方向に進んでいると言って良いだろう。

すべての大学入学者に関して，「主体的に学習に取り組む態度」を評価するべきだと言われれば，私立大学でも大学入学共通テストを必須にすれば良いのではないだろうか。その扱いに関しても，大学入学共通テストで○点以上（基準に関しては，緩めを想定）を有することを出願条件とする，もしくは受検していることを前提とする，得点分布から算出したスタナイン（Stanine）[2]を利用し基準とすることも可能だろう。その上で，各大学の個別試験で，（大学入学共通テストの点数を加算することなしに）合否判定すれば良いのではないだろうか。

最後に，本章では，主体性の評価に関して「調査書」を用いることを前提としてきた。そもそもこれが誤りなのかもしれない。やはり，主体性を評価するためには，受験者本人が作成した活動報告書や学習計画書などを評価するべきではないだろうか。もちろん，実際にそれをどのように評価するか，得点化するかについては課題が残る。

SNS 全盛の時代，このような内容の活動報告書で合格したという情報は瞬く間に広まり，類似した提出書類・資料が増える可能性は否定できない。そして，評価者側が「この受験生は評価できる or 評価できない」を識別できない状態になることは容易に想定できる。これは，現在の調査書や推薦書が個々人でそれほど異なる内容にならないのと同様である。さらにその上のレベルで評価しようとすれば，そこには評価のブレや評価に対する説明の難しさが生じる。しかし，その困難さを越えて，「主体的に学習に取り組む態度」を評価することができれば，理想的な大学入試といえるのではないだろうか。

本章では，「主体性評価」に関して，かなり否定的に論を展開することとなった。しかし，「主体的に学習に取り組む態度」を評価することが重要であるという点に関しては全面的に賛成である。それをどのような方法で実現

---

**2**　スタナイン（Stanine）とは，分位点による区分法の 1 つであり，受験者を得点順におおよそ4，7，12，17，20，17，12，7，4％の群に分割し，科目別得点を得点の低い方から順に 1 から 9 の 9 段階に換算する方式である（大学入試センター，2020）。

するか，それは今後の各大学の工夫や入試関係者の努力にかかっている。これから数年の間に，様々な取り組みがなされ，報告されていくだろう。より良い形を模索し，「主体的に学習に取り組む態度」を適切に評価し，合否にも反映できるような入試が実現されることに期待したい。

## 文　献


中央教育審議会（2014）．新しい時代にふさわしい高大接続の実現に向けた高等学校教育，大学教育，大学入学者選抜の一体的改革について～すべての若者が夢や目標を芽吹かせ，未来に花開かせるために～（答申）　文部科学省　Retrieved from https://www.mext.go.jp/b_menu/shingi/chukyo/chukyo0/toushin/__icsFiles/afieldfile/2015/01/14/1354191.pdf（2021年 2 月 9 日）

大学入学者選抜の公正確保等に関する有識者会議（2019）．大学入学者選抜の公正確保等に向けた方策について（最終報告）　文部科学省　Retrieved from https://www.mext.go.jp/component/a_menu/education/detail/__icsFiles/afieldfile/2019/05/31/1417495_001.pdf（2021年 2 月13日）

大学入試センター（2020）．令和 3 年度大学入学共通テスト受験案内　大学入試センター

溝上 慎一（2017）．溝上慎一の教育論　用語集　学力の三要素　Retrieved from http://smizok.net/education/subpages/aglo_00003（gakuryoku3）.html（2021年 1 月25日）

文部科学省（2017）．平成33年度大学入学者選抜実施要項の見直しに係る予告について　文部科学省　Retrieved from https://www.mext.go.jp/content/20200416-mxt_daigakuc02-000006597_9.pdf（2021年 2 月13日）

文部科学省（2018）．各資格・検定試験と CEFR との対照表　文部科学省　https://www.mext.go.jp/b_menu/houdou/30/03/__icsFiles/afieldfile/2019/01/15/1402610_1.pdf（2021年 2 月13日）

文部科学省（2020）．令和 3 年度大学入学者選抜実施要項　文部科学省 Retrieved from https://www.mext.go.jp/a_menu/koutou/senbatsu/mxt_kouhou02-20200619_1.pdf（2021年 2 月13日）

中村 高康（2020）．大学入試が分かる本——改革を議論するための基礎知識——　岩波書店

脇田 貴文・北原 聡・小泉 良幸・井村 誠・中田 隆（2017）．大学入学者選抜における調査書活用に向けた課題——記載ルールの必要性——　大学入試研究ジャーナル，*27*，33-39.

# 第2部 個別大学の入試設計

第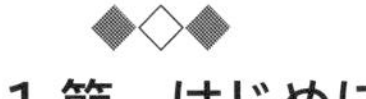章

# アドミッション・オフィスの機能と役割
## ——多面的・総合的評価を実現するために——[1]

林　篤裕

◆◇◆
## 第１節　はじめに

グローバル化社会と言われるようになって久しい。この言葉の定義は幾つかあるであろうが，人，モノ，カネや制度が一体となって国境を超える社会構造のことを指すようである。これまでのように日本国内の情勢だけに注目していては世界から取り残されてしまい，広く地球を俯瞰する視点で情報を収集し行動することが求められる時代になったということであろう。

一方，４年制大学と短大を合わせた高等教育への進学率を見てみると，10年ほど前に50%を超えた。米国の社会学者マーチン・トロウ（天野・北村訳，1976）の類型に従えば，この時点でマス段階から誰もが進学する機会が保証されているユニバーサル段階に移行したことになり，現在は超ユニバーサルな時代を迎えていると言える。

このような時代を生き抜く人材を育成することを目標に，平成26年（2014年）12月に出された中央教育審議会答申「新しい時代にふさわしい高大接続の実現に向けた高等学校教育，大学教育，大学入学者選抜の一体的改革について～すべての若者が夢や目標を芽吹かせ，未来に花開かせるために～」（中央教育審議会，2014）（以下，高大接続改革答申）では，従来からの知識再生型教育から脱却して，論理思考に基づき主体的に行動することができる人材の育成を目指した教育に転換することを提言している。具体的には，高等学校教育，大学教育，そして両者を橋渡しする大学入学者選抜制度の三者

1　本章は，林（2018）を再録したものである。図４-１と図４-２，および図４-３はより新しいデータを反映させたものに差し替え，関連する文中の数値も修正した。また，本書の編集方針のもと，要旨を削除し，本文の表現を加筆修正した。

を一括して改革することを求めている。

ここに至るまでの一連の教育改革の変遷は多くの時間と労力を費やして議論が重ねられた結果であり，この三位一体改革の詳細についても本答申を読んでいただくのが近道であるが，特にその中の大学入学者選抜制度の改革については「学力の三要素」をまんべんなく測定することを求めており従来からの知識・技能の測定にはじまり，「多面的・総合的評価」を駆使して思考力・判断力・表現力や主体性・多様性・協働性を測定して，入学者を決定するとしている。高大接続改革答申が出された後も，それを受ける形で幾つかの会議が設けられ，また，文部科学省（2015）からは「高大接続改革実行プラン」も発表され，次第に答申を具現化する選抜方式も明らかになってきた。

そこで，本稿では以前より多面的・総合的評価を実施してきたアドミッション・オフィス入試（以下，AO入試）について，日本への導入経緯を振り返るとともに現状や長所・短所に言及した上で，これまでに培われてきたこの評価に対して有効に機能する選抜方法を紹介する。また今後学内の司令塔となってこの種の活動を実施・運営していくことが期待されているアドミッション・オフィスの機能や役割，加えてそこで行われている入試研究のテーマや諸活動に必要なスキルについて筆者の経験を踏まえて論じる。

◆◇◆

## 第２節　アドミッション・オフィス入試とその選抜方法

AO入試の起原はアメリカにある。そこでは志願者に対して履修科目や成績といった高等学校での学習履歴を確認し，入学後の修学に耐える準備を行ってきているかをチェックすることに主眼を置いた入試であった。この業務に関わるのは教員がメインではなく経験を有した大学の専門職員（Admissions Officer）がこれにあたっていた。このような入試方法が機能する背景には，アメリカの大学が入学後に所定の成績を収めた学生にだけ卒業を認める「出口管理」が徹底していることが大きく関係しており，厳密な学力の精査を入学時に課す必要がないことが挙げられる。

一方，この入試をヒントに平成２年（1990年）に日本で最初にAO入試を導入したのが慶應義塾大学湘南藤沢キャンパス（SFC）の２学部であった。

日本は「入口管理」の国であるため，アメリカ方式をそのまま導入してもうまく機能しないため，高等学校での学習履歴だけでなく詳細な書類選考と時間をかけた丁寧な面接等を組み合わせて受験者の能力・適性や学習に対する意欲・目的意識等を総合的に判定する方式に改変して導入された。その意味で名称は同じだが選考過程や合否判定において両者は異なっていると言える。

平成９年（1997年）には中央教育審議会第二次答申「21世紀を展望した我が国の教育の在り方について」が出され，その中で「アドミッション・オフィスの整備」と題した節が設けられた。これを受けて平成11年（1999年）には国立３大学（東北大学，筑波大学，九州大学）にアドミッションセンターが開設され，翌平成12年（2000年）にはこの３国立大学を含めて70余りの大学がAO入試を導入し，このことからこの年をAO入試元年と呼ぶようになった。

AO入試では志願者がアドミッション・ポリシーを熟知して出願してきており，また，大学側も時間をかけて丁寧に選抜しているために入学後のミスマッチが少ないという特徴がある。また国立大学に関しては，他の選抜単位と比較して学業成績において明確な差は認められない。その他，受験者側，試験実施側双方から見たAO入試の長所と短所は表４－１に示す通りである。

国立大学に関して言えば，AO入試元年以降，導入大学は順に増えていったが，平成22年（2010年）辺りで一旦高原状態になった（図４－１）。平成28年度（2016年度）入試では，国立大学の６割強（51大学），公立大学の３割弱（24大学），私立大学の８割強（470大学），全体として７割強の大学で

**表４－１．AO入試の長所と短所**

| | 受験生・高校 | 大学 |
|---|---|---|
| 長所 | ・学力以外の資質も見てもらえる<br>・大学・学部をよく知って入学できる<br>・大学生活を模擬体験できる<br>・大学・学部への適合率が高い | ・大学で必要な資質を見る<br>・丁寧に選抜できる<br>・意欲・関心の高い学生を早く得られる<br>・直接受験生と接することができる |
| 短所 | ・どう指導して良いか難しい<br>・評価・判定の基準がわかり難い<br>・落ちた場合を考えるとリスキィである | ・手間暇がかかる<br>・基礎学力を測るのが難しい<br>・他人の知恵が入っているかも<br>・対策への対策の工夫をどうするか |

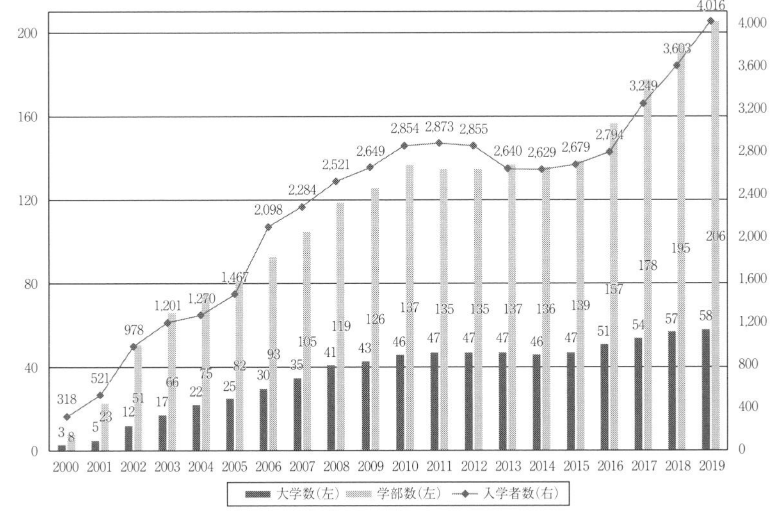


図4－1．国立大学のAO入試の推移

AO入試を導入しており，今回の高大接続改革答申を受けて今後より拡大の方向にある。

AO入試で実施されている選抜方法は多岐にわたるが，高大接続システム改革会議（2016）の「最終報告」によると従来の筆記試験とは異なる11ほどの方法が挙げられており，中でも面接を取り入れている大学が多いことがわかる（表4－2）。

また，筆者の前任大学である九州大学を例にとると，1次選抜から小論文を実施したり，2次選抜では小論文や面接以外にも講義を受講した後にレポートを課し，加えて取り上げられた題材に対して討論を行ったり，他にも課題探求試験と称して実験や演習を

表4－2．全国のAO入試で実施されている選抜方法とその導入割合

| 選抜方法 | 導入割合 |
|---|---|
| 面接 | 92.9% |
| 学力検査 | 5.4% |
| 基礎学力把握検査 | 17.1% |
| 口頭試問 | 39.4% |
| 小論文 | 36.2% |
| レポート | 15.8% |
| 実技検査 | 16.9% |
| プレゼンテーション | 29.7% |
| 討論 | 13.6% |
| 模擬授業等 | 24.0% |
| 事前課題 | 37.2% |
| その他 | 11.5% |

表 4 - 3．九州大学で行われてきた AO 入試の選抜方法

| セ試 | 学部等 | | 1次選抜 | 2次選抜 | |
|---|---|---|---|---|---|
| 課さない | 21世紀プログラム | | 書類審査 | 講義・レポート／討論，小論文，面接 | |
| | 教育 | | 小論文 | プレゼンテーション，面接 | |
| | 法 | | 小論文 | 口頭試問［09年終了］ | |
| | 薬 | 創薬科学 | 書類審査 | 小論文，面接［12年終了］ | |
| | | 臨床薬学 | 書類審査 | 小論文，面接［12年終了］ | |
| 課す | 法 | | 書類審査 | 英語学力試験，面接［15年開始］ | センター試験成績 |
| | 理 | 物理 | | 課題探求試験，面接 | |
| | | 化学 | | 面接 | |
| | | 地球惑星 | | 課題探求試験，面接 | |
| | | 数学 | | 課題探求試験，面接 | |
| | | 生物 | | 面接 | |
| | 医 | 保健（3専攻） | | 小論文，面接 | |
| | 歯 | | | 小論文，面接 | |
| | 芸工 | 環境設計 | | 面接，実技 | |
| | | 工業設計 | | 面接，実技 | |
| | | 画像設計 | | 実技 | |
| | | 音響設計 | | 小論文，実技を含む面接 | |
| | | 芸術情報設計 | | 小論文，実技 | |
| | 農 | | | 小論文，面接 | |

行って受験者の思考過程を評価してきた。九州大学ではAO入試元年以降延べで19の選抜単位で表 4 - 3 に示したような工夫を凝らした種々の選抜方法が取り入れられてきたことがわかる（林，2015）。

今後AO入試を開始する場合には，既に導入され実績を積んできた方法の中から取捨選択するとともに，その大学独自の選抜方法を考案して実施していくことになるであろう。

一方で，選抜区分ごとの経年的変化にも注目すべきである。つまり，平成 9 年度（1997年度）当時の国公私立大学全体で 7 割を超えていた一般入試入学者が平成31年度（2019年度）には53.0%まで減少し，代わりに増えたのがAO・推薦入試入学者であった（図 4 - 2）。加えて設置者ごとの割合の違い

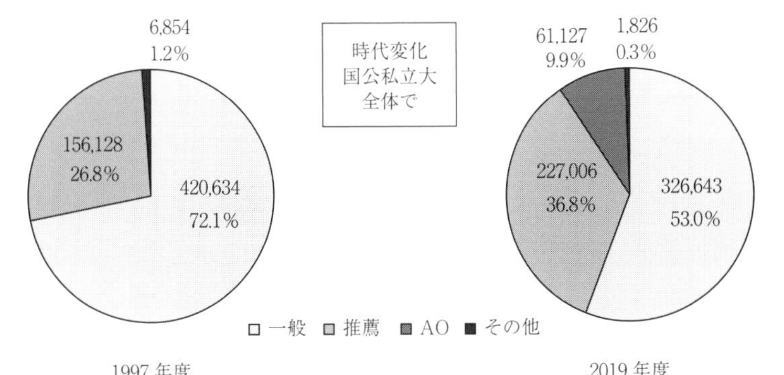


出典：文部科学省大学入試室調べ

図４－２． 選抜区分別入学者数の割合：1997年度と2019年度の比較

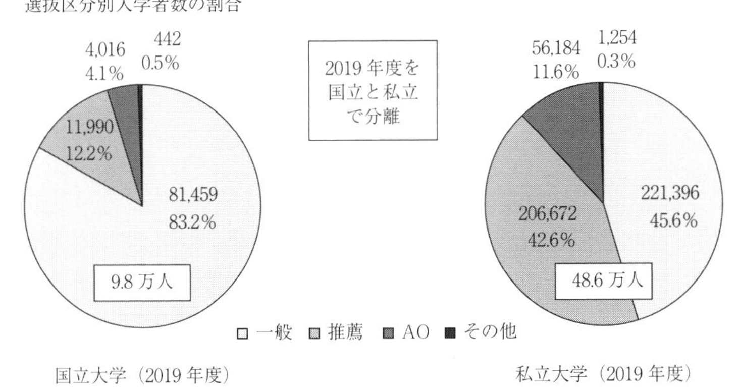


出典：文部科学省大学入試室調べ

図４－３． 選抜区分別入学者数の割合：2019年度の国立大学と私立大学の比較

に注目すると，平成31年度（2019年度）において一般入試入学者は国立大学では83.2％であるが，私立大学は45.6％と５割を切っており，これに設置者ごとの収容規模を加味すると，私立大学は国立大学の5.0倍であることから，AO・推薦入学者を実数で比較すると極めて大きな違いがあることがわかる（図４－３）。

ここでは詳細を述べないが，2007年には韓国でもAO入試が導入されたが，これはアメリカの方式に似た制度であった（神戸大学，2008；山本，2014）。上述でわかるように，何れもAO入試という名称を使ってはいるが，アメリカや韓国のそれと日本のそれ，加えて国内でも国立大学のそれと，私立大学のそれでは全く別の性質を有しており，よって，AO入試とひと括りに論じることはできない。日本におけるAO入試の黎明期において，この認識が無かったために混乱もあったように感じるが，今後AO入試を議論する際には，どの国のものかや，どの設置者のものかを明確にした上で議論しないと，生産的な議論とはならないことに注意すべきである。

## 第３節　アドミッション・オフィスの成り立ちと，関連する事業

前節で述べたように，AO入試元年前後に設立されたアドミッション・オフィスはAO入試を対象とした管理・運営部署として機能していた。だが，その教職員構成や事務部門との棲み分けは大学ごとに異なっており，広報をメインとするところ，入試研究をメインとするところ，また，広く大学内の共通教育の一翼を担うところ等，活動内容はそれぞれに特徴を持っていた。初等中等教育に詳しいという意味で受験産業や高等学校現場から異動してくる者も散見される。また，近年の大学教育改革や今回の高大接続改革答申を受けてその役割も少しずつ変更が加えられており，IR（Institutional Research）の任務を負うようになったところも出てきた。

平成27年度（2015年度）には，各大学における多面的・総合的評価の導入を支援すべく文部科学省が「共通政策課題（入学者選抜改革分）」（平成27年度（2015年度）から平成31年度（2019年度））と称する予算を獲得し，20以上の国立大学にアドミッション機能を持たせた組織の設立を後押しした。また，アドミッション・オフィスの連合体としては現在37大学（令和３年（2021年）３月現在）が加盟している国立大学アドミッションセンター連絡会議や，四国地区国立大学連合アドミッションセンター（全５大学）等がある。

以上で述べてきたのは主に国立大学に設置されたアドミッション・オフィ

スについてであるが，私立大学の場合は，設立経緯が異なっていたり，高大連携やその他の観点から活動を行っていたりと大学ごとの特徴・目的に応じて組織が構成されており，スタッフや予算の規模も国立大学のそれらとは相当に異なっているように感じる。その意味でアドミッション・オフィスについてもその業務内容や活動は個々に異なっていると言える。他には，アドミッション・オフィスに関連する文部科学省の事業として「大学教育再生加速プログラム」（平成26年度（2014年度）から令和２年度（2020年度））と「大学入学者選抜改革推進委託事業」（平成28年度（2016年度）から平成30年度（2018年度））が挙げられる。前者は国として進めるべき大学教育改革を一層推進するために，教育再生実行会議等で示された新たな方向性に合致した先進的な取組を実施する大学を支援することを目的とした事業で，５つのテーマに分かれて合計で77の機関が採択されている。その中のテーマⅢは入試改革と高大接続に関するもので，８つの大学が新しい選抜方法の開発（お茶の水女子大学，岡山大学，追手門学院大学）や高大接続の在り方（千葉大学，東京農工大学，愛媛大学，三重県立看護大学，杏林大学）についての活動を行っている。また，後者は大学入試において「思考力等」や「主体性等」を評価する上での具体的な課題・問題点を整理するとともに，多面的・総合的な評価を行うための実践的で具体的な評価手法を構築し，その成果を全国の大学に普及することにより，各大学の入学者選抜の改革を推進することを目的とした事業である。５つの分野（人文社会分野（地理歴史科・公民科），人文社会分野（国語科），理数分野，情報分野，主体性等分野）に分かれて合計で21の大学・機関が参加して研究が推進されている。

◆◇◆

## 第４節　アドミッション・オフィスの機能と入試研究

見てきたように国内のアドミッション・オフィスは設置者や教職員の構成等によって千差万別であり統一的に語ることはできない。ここでは筆者がこれまでの経験から見聞きした範囲でアドミッション・オフィスの機能と，そこで行われている入試研究について網羅的にまとめることにする（林・伊藤・田栗，2008）。

アドミッション・オフィスが担っている機能は対象が学外者のものと学内者のものの2つに大別される。前者の代表的な活動としてはオープンキャンパスのような広報活動が挙げられるが，高等学校生を対象とするもの以外に，高等学校教諭や保護者を対象とするもの，また，進学説明会への参加や来学者・高等学校を訪問しての説明等が含まれる。その中で取り上げられる内容も大学自体の説明から学生生活，研究，就職状況と多岐にわたる。他には高等教育関係者との意見交換や研究会への参加もある。広報の機会が与えられた場合には自大学の情報や特徴だけでなく，高等学校までの教育とは異なった面白さや魅力を持っている高等教育を理解していただければと考えて説明にあたっている。

一方，学内者を対象とするものとしては，アドミッション・オフィスの設立当初の役割であったAO入試の管理・運営を起点に，現在は広く入試全般の助言や支援，また，選抜状況の把握のための入試成績の分析や後述する種々の入試研究等があるが，何れも秘匿性の高い作業が多い。

これらの活動の中で実施されている入試研究は大きく分けて3つの群に分かれる。1つ目は入試問題を作成している作題グループを支援するものであり，今後の作題の際の参考にしてもらうための情報提供である。平均点や標準偏差，得点分布といった基礎統計量に始まり，受験生の学習度合い（入試成績）に応じた当該設問の正解率の違いを図示した設問解答率分析図や，選択科目の違いによる当該科目の成績を比較参照する各科目受験者群別平均点（連関表）などがこれにあたる。

2つ目は，今後の入試改革に資するための基礎資料として，学生の入学時から卒業時までの成績を関連付けて修学の振る舞いを調べる追跡調査や，入試科目ごとの配点比重を評価するための資料となる合否入替り率等が挙げられる。なお，前者の学修動向の把握については，近年IRにおいても中核的な題材として注目されており，当該部署と連携して活動を行っているところもある。

最後は上記2つには含まれないもので，選択科目間の平均点差を調整することを目的とした得点調整の手法開発や，受験者の多面的な評価方法の開発としての総合試験の試作，また，各種のアンケート調査の作成・実施・分析等が挙げられる。表4－4に入試研究のテーマを項目ごとに挙げる。

表4－4．入試研究のテーマ

| |
|---|
| ◆作題者に対して統計情報を提供（評価資料）<br>・平均，標準偏差<br>・得点分布<br>・設問解答率分析図<br>・各科目受験者群別平均点（連関表）<br>・試験問題データベース，教科書データベース |
| ◆入試の振る舞いの把握<br>・追跡調査<br>・合否入替り率<br>・入試問題の改善，…… |
| ◆その他<br>・得点調整<br>・分位点差縮法<br>・等化<br>・調査・アンケート等<br>・調査研究：総合試験，高大連携，試験情報の整備，……<br>・研究開発：評価方法，…… |

また，アドミッション・オフィスに所属する教職員の研究領域としては教育学，高等教育論，教育行政学等の教育に関するものや，統計学やデータ解析等の数理的なものが代表的ではあるが，特に教員については前項でも述べたようにいろいろな分野からアドミッション・オフィスに参画してきているので，これらに限らず広範な学問領域にわたる。活動の場としては大学入試センターが事務局を務めて運営している全国大学入学者選抜研究連絡協議会（入研協，前身は国立大学入学者選抜研究連絡協議会）や日本テスト学会（何れも年1回の大会を開催している），それに教育関係の幾つかの学会が挙げられる。

なお，共通第1次学力試験の導入（昭和54年（1979年））に伴って文部省（当時）の支援・予算措置のもと全国の国立大学の学内組織として入学者選抜研究委員会（入選研）が設置され個別大学の入試状況を毎年報告書にまとめて後年の入試改革に備える活動を行ってきていたが，独立法人化（平成16年（2004年））後は消滅・解散した大学も少なくない。

入試研究はその取り扱っているテーマに秘匿性・機密性が高いものが多いことが影響しているのか，このような学問領域が存在することの認知が低く発表の場も限定的で，また知られていないが故に興味を持って取り組もうとする教員が増えないだけでなく，秘匿性が高いという特殊性とも相まって入試研究を扱っている大学の教育コースも極めて少ない。よって，継続的・組織的に研究者を養成する段階には至っていない。

このような状況の中，アドミッション・オフィスの教職員養成を目的とした講習会が少しずつではあるが開催されるようになってきており，名古屋大学高等教育研究センターでは，「アドミッション担当教職員支援セミナー」が，大阪大学高等教育・入試研究開発センターでは，「大阪大学 HAO（Handai Admission Officer）育成プログラム」が，また，九州大学基幹教育院次世代型大学教育開発センターでは，「アドミッション・スペシャリスト能力開発研修会」が開催されており，多くの参加者を得て活発に意見交換が行われている。

また，入試データや成績データを取り扱う際には個人情報の管理や物理的な保存場所には十分な注意が必要である。電子データについても暗号化機能やパスワード機能を備えた HDD や USB メモリーを積極的に活用し，漏えい等の事故が起こらないように万全を期す必要がある。

◆◇◆

## 第５節　教職員に求められるスキル

前節で紹介したように，アドミッション・オフィスの業務内容は多岐にわたるため，求められるスキルもひと括りで論じることができない。所属教職員は対外的な活動も多いため，自大学に関する全学的な入試情報やカリキュラム，研究内容，取得可能資格，就職状況，沿革等の各種情報や大学運営に関する考え方について熟知し，また入試業務や仕組みを把握しておき学外者に接する際には遺漏なく説明できるようにしておく必要がある。それに加えて，教育行政やそれを取り巻く社会情勢の動向を注視し，今後の方向性をある程度見据えておく必要もあるであろう。また，自大学を理解するには，比較対象としての他大学の状況や，場合によっては海外の大学の状況にも関心を払って情報収集する必要がある。

他にも，現在初等学校・中等学校に通っている児童・生徒は，今後大学に進学してくる可能性のある学生予備軍とも言えるので，初等中等教育の現状

表4－5．アドミッション・オフィスの教職員に求められるスキル

| | |
|---|---|
| ◆「大学」の熟知<br>──自大学のみならず他大学も<br>◆入試業務・仕組みの把握<br>◆入試動向・教育行政の把握<br>◆（初等＆）中等教育の把握<br>◆高等教育の在り方<br>──在るべき姿が語れるか<br>◆情報処理・統計処理技術<br>──データハンドリング，データ解析<br>◆プレゼンテーション能力 | ◆入試課との連携<br>◆IR 部門との連携<br>◆学内での発言力<br>◆グループワーク<br>◆高大接続を担っているという気概<br>◆高校と大学の関係性<br>（高校教員の支援ではなく） |

や課題，将来動向等を把握しておくことも重要である。そのようなチャンネルとしては，中等教育関係者と同席するような会合や進学説明会での機会を捉えて人的ネットワークを構築・拡張するのも一方策である。また数は少ないものの，中等教育関係者と高等教育関係者が集って勉強会を開いている動きもあるので，このような場に参加するのも手であろう。

これらの情報収集活動を通して大学を取り巻く様々な教育に関する社会状況を不断に把握しておくことによって，必要に応じて大学運営への戦略的な助言も可能となる。

その他としては，業務で取り扱うデータの処理技術だけでなく分析技術としての統計手法の習得も必要となる。この目的のためには統計質保証推進協会が実施している統計検定等を活用する方法もある。また進学説明会や研究会等学内外で行う講演の際のプレゼンテーション技術や，学内の各部署との連携・協力等，改めて挙げてみると多岐にわたる様々なスキルを求められる部署と言える。

筆者がこれまでの経験から必要と感じるスキルについて表4－5にまとめておく。

前節と本節ではアドミッション・オフィスの機能や役割，スキルについて論じてきたが，そこに所属する教職員が諸活動を行う際に根底に持っておくべき哲学として，「高等教育機関としての大学」というものが日本の教育システムの中でどのような位置を占め，世界の同種の機関とどの様な共通点や相違点があり，これらを通して日本の大学というものが何を担う機関であるべきなのかを各自で熟考しておく必要があると考える。そのためにはこの種

のテーマを扱っている学内外の研究会や勉強会に参加して積極的に意見交換を行うことも有意義である。述べてきたような重層的な状況の中に身を置く者として，高等教育機関の入り口である大学入試が日本の教育制度の一翼を担っていることを自覚し，より良い環境を構築するにはどのような方策があり得るかを常に提案していく体力を持つことが求められているように感じている。

◈◇◈

## 第６節　まとめに代えて

今回の高大接続改革答申を受けて大学入試は新しい局面を迎えている。昭和54年（1979年）に開始された共通第１次学力試験は「輪切り現象」や「大学の序列化」という問題点を是正するために平成２年（1990年）にはアラカルト方式を採用した大学入試センター試験に衣替えし，平成18年（2006年）からはICプレーヤーを使った個別音源方式の英語リスニング試験も導入されたが，この間，解答方法は一貫してマークシート方式が踏襲されてきた。

そして令和３年（2021年）１月に開始された大学入学共通テスト（いわゆる新テスト）では，年複数回実施や合教科・科目型試験，総合型試験，またCBT方式の採用といった方策が構想段階では盛り込まれていたものの，議論の結果これらについては早々に見送られた。残された方策のうち，二本柱として注目されてきた「英語民間試験を用いた４技能評価」と「国語と数学の記述式問題（各３題を想定）」についてもその実施面・評価面での公平性の観点から疑念を払拭することができず，結局実施約１年前に迫った令和元年（2019年）11月と12月になって相次いで見送りが決定された。残ったのはスタナイン（Stanine）と呼ばれる成績の段階別表示と，今まで以上に思考力を問う工夫を凝らしたマークシート方式の作題であり，そこに予期せぬ事態としてCOVID-19感染対応も加わり，本試験が２回，追試験が１回という過去に例を見ない変則的な実施日程となったものの，幸いにもこれらについては関係者のご尽力もありほぼ計画通り無事に実現された。

このように当初盛り込まれていた方策のほとんどが見送りになったことを考えれば，理念が先行し実現方法や公平性の議論が置き去りにされていたと受け取られかねず，提案時から懸念が指摘されていたことを考えても，導入には緻密な研究と地に足を着けた議論が必要であったと言わざるを得ない。答申が発表されて以降約７年間にわたる一連のプロセスにおいて，想像を超える数多くの紆余曲折があり，その間，受験生やその関係者に多大なる不安と動揺を与えてしまったことも肝に銘じておく必要がある。

改めて考えてみても，50万人を超える大人数を対象とする共通試験において，公平な英語の４技能試験が実現可能なのか，また，記述式設問がどの程度有効に機能するのか等，測定の信頼性・妥当性を確保できるかは現時点で明確になっているとは言えず，採点の統一性や期間の長期化，費用面の増加に対しても意見に広く耳を傾けながら綿密に議論する必要があった。段階別表示についても，初年度に利用するとした大学・短大はなく，導入に向けての研究が始まったばかりと言っても過言ではない。

今後の大学入試に関する話題としては，「平成30年告示高等学校学習指導要領に対応した令和７年度大学入学共通テスト」（いわゆる新課程対応入試）が挙がるであろう。２回の改変を経て肥大化した共通試験は幾つかの観点で実施に支障を来しつつあるためスリム化を目標に，総科目数を減らすことが１つの目玉になっており，一方で地理歴史や公民内の改編された科目，及び教科情報の取り扱いをどうするかも大きな注目点である。勿論，上述の英語の４技能評価や記述式問題等も見送りになっただけであるので，実現方策や採用可否を模索すべく議論や研究は継続される必要がある。

大学入試には２年前公示のルールがあり，当該の試験を実際に受験することになる年次の生徒が高等学校に進学してくる年度中に各大学とも入試科目を公表する必要がある。これは，生徒の進学希望大学が指定している科目を把握した上で，高等学校の履修科目を選択するためであるが，通常は２年前に文部科学省から発表される「実施大綱」が，新課程が導入される場合に限っては３年前に公表されることが慣例になっている。今回の場合に即して言えば，新課程対応入試が令和７年（2025年）１月に実施されるため，通常であれば令和４年度（2022年度）中であるが，新課程に対応する初年度に当たるため令和３年度（2021年度）夏頃を目途に「実施大綱」が公表される予定である。各大学ではこれに基づいて入試科目を検討・指定することになる。しかし一方で，今回の新テスト導入過程時に明らかになったいくつかの課題について現在，令和元年（2019）12月に文部科学省において「大学入試のあり方に関する検討会議」が設置されている。本来であれば令和2年度（2020年度）末までに取りまとめられる予定であったものが，今般のCOVID-19の影響で1年延長されたため，進行中のこの会議の検討状況もにらみながら「実施大綱」等が策定されていくことになってしまっていることも，動きを鈍くしている一因である。

大学入試に限らず広く入学試験はその国の教育制度に基づいていることからもわかる通り，その国の文化に根ざして開発・運用する必要がある。この意味で，他国で高評価を得た選抜方法であったとしても，それだけを単に移入しただけでは国内でうまく機能することは期待できない。その意味でアメリカのAO入試を日本文化に合わせて改変・導入した慶應義塾大学SFCの例を引くまでもなく，自国の文化に根ざした評価方法の確立が強く望まれる。

グローバル化社会が到来した現在，従来からの知識再生型試験から脱却し，多面的・総合的評価の比重を高くした試験を実現して，受験生を測ることに遷移していくことについては論を待たないであろう。そのためには思考力・判断力に代表される学力を測定するための方策を研究し，これらの活動の中心となるべきアドミッション・オフィスが専門部署として認識され，所属の教職員が中心となって自大学のアドミッション・ポリシーに基づいた入学者の選抜を実現する必要がある。また，今まであまり注目されてこなかった入試を専門とする教職員の育成や入試研究をテーマとする研究者の教育コースの開設も期待される。

ここまで見てきたように大学入試にはまだ解決すべき課題が多いものの，新課程に対応した生徒が大学に進学してくる時期が確定していることも現実であり，残された時間を無駄にすることなく議論や研究，検討を進める必要がある。今後とも活力ある大学であり続けるためには，今回の入試改革をキッカケに将来を担う若者をどのように評価・選抜して育成していくかを，大学関係者全員の知恵を出し合ってより良い方策を見出すときが到来している。

## 文　献

中央教育審議会（1997）．21紀を展望した我が国の教育の在り方について（第二次答

申）　文部科学省　Retrieved from https://www.mext.go.jp/b_menu/shingi/chuuou/toushin/970606.htm（2021年 2 月10日）

中央教育審議会（2014）．新しい時代にふさわしい高大接続の実現に向けた高等学校教育，大学教育，大学入学者選抜の一体的改革について～すべての若者が夢や目標を芽吹かせ，未来に花開かせるために～（答申）　文部科学省　Retrieved from https://www.mext.go.jp/b_menu/shingi/chukyo/chukyo0/toushin/__icsFiles/afieldfile/2015/01/14/1354191.pdf（2021年 2 月10日）

林 篤裕・伊藤 圭・田栗 正章（2008）．大学で実施されている入試研究の実態調査　大学入試研究ジャーナル，*18*，147-153.

林 篤裕（2015）．思考力・表現力・協働性の評価を目指して――九州大学21世紀プログラムの場合――　大学入試研究の動向，*33*，108-117.

林 篤裕（2018）．アドミッション・オフィスの機能と役割――多面的・総合的評価を実現するために――　名古屋高等教育研究，*18*，39-53.

神戸大学（2008）．平成19・20年度文部科学省先導的大学改革推進委託事業調査研究報告書　韓国における共通テスト（CSAT）のみによる大学入学者選抜の現状及び入学後の成績との関係や高大接続の現状などに関する調査研究　文部科学省　Retrieved from https://www.mext.go.jp/a_menu/koutou/itaku/1295952.htm（2021年 2 月10日）

高大接続システム改革会議（2016）．高大接続システム改革会議「最終報告」　文部科学省　Retrieved from https://www.mext.go.jp/component/b_menu/shingi/toushin/__icsFiles/afieldfile/2016/06/02/1369232_01_2.pdf（2021年 2 月10日）

マーチン・トロウ　天野 郁夫・喜多村 和之（訳）（1976）．高学歴社会の大学――エリートからマスへ――　東京大学出版会

文部科学省（2015）．高大接続改革実行プラン　文部科学省　Retrieved from https://www.mext.go.jp/b_menu/shingi/chukyo/chukyo12/sonota/__icsFiles/afieldfile/2015/01/23/1354545.pdf（2021年 2 月10日）

山本 以和子（2014）．韓国大学入学者選抜の変容――入学査定官制導入後の展開状況　大学入試研究ジャーナル，*24*，105-112.

# 第5章

# 大学入試の設計
## ――筑波大学アドミッションセンター20年の軌跡――

島田　康行

◆◇◆

## 第1節　はじめに

『大学入試フォーラム No.23』（大学入試センター，2000年発行）に次の3本の「事例紹介」が掲載されている。

夏目達也「東北大学アドミッションセンターの活動と今後の課題」
島田康行「新学力観入試の実現を目指して」
武谷峻一「九州大学のアドミッションセンターについて」

平成11年（1999年），東北大学，筑波大学，九州大学に，国立大学として初めてアドミッションセンターが設置されたことを受け，3大学のアドミッションセンターがそれぞれの業務内容を紹介する記事を寄せたものである。

これを読むと3大学のアドミッションセンターの役割には当初から微妙な違いがあったことがわかる。AO入試の設計にもその違いは現れており，アドミッション・ポリシーや選抜方法はもちろん，アドミッションセンターの関与の仕方にも違いが見られる。開学以来，入学定員の約25%を推薦入試で選抜してきた筑波大学は，この推薦入試とは別に，さらにAO入試を導入したところに特徴があった。

筑波大学アドミッションセンター（以下AC）は，①AC入試（AO入試）の企画立案及び実施，②入学者選抜に関する調査研究，③入学者選抜に関する広報を業務の柱として発足した。①の入試においてAC専任教員が実際に選抜業務を担当するところに特徴がある。爾来20余年，ACはいくつかの小規模入試の企画・実施を担当し，入試広報に取り組みながら，②の研究を積み重ねてきた。その成果の多くは全国大学入学者選抜研究連絡協議会[1]の大会で発表し，論文を『大学入試研究ジャーナル』（大学入試センター発行）等で公表している。公表された論文の題目を概観すれば，そこからその時々のメンバーやその研究テーマを窺うことができるだろう。表5-1に，そのうち44編の論文の題目を列挙する。

表5-1．『大学入試研究ジャーナル』掲載論文一覧

| |
|---|
| 44 白川 友紀，松井 享，島田 康行，大谷 奨，本田 正尚<br>「筑波大学『先導的研究者体験プログラム』と入学経路」<br>『大学入試研究ジャーナル』30号，2020.03 |
| 43 島田 康行<br>「筑波大学『国際バカロレア特別入試』の現在」<br>『国際バカロレア教育研究』第3巻，2019.09 |
| 42 渡辺 哲司，島田 康行<br>「『言語活動』の充実によって高校までの『書く』学習の機会は増えたか―大学新入生を対象とする定点調査―」<br>『大学入試研究ジャーナル』29号，2019.03 |
| 41 白川 友紀，松井 享，本田 正尚，大谷 奨，島田 康行<br>「筑波大学 Global30学士課程入試の追跡調査」<br>『大学入試研究ジャーナル』28号，2018.03 |
| 40 島田 康行<br>「教育課程の改訂は高校「国語」の学習に変化をもたらすか―大学新入生に対する調査から―」<br>『大学入試研究ジャーナル』28号，2018.03 |
| 39 大谷 奨，島田 康行，本多 正尚，松井 享，白川 友紀<br>「大学入学者選抜実施要項とその変遷に関する考察―新制大学発足時から大学共通第1次学力試験導入までを中心に―」<br>『大学入試研究ジャーナル』28号，2018.03 |
| 38 大谷 奨，島田 康行，本多 正尚，松井 享，白川 友紀<br>「共通第一次学力試験実施に伴う個別学力検査の多様化についての再検討」<br>『大学入試研究ジャーナル』27号，2017.03 |
| 37 島田 康行，本多 正尚，大谷 奨，白川 友紀<br>「国際バカロレア特別入試の導入と残された課題」<br>『大学入試研究ジャーナル』26号，2016.02 |
| 36 渡辺 哲司，島田 康行<br>「大学新入生が中学校・高等学校で経験した探究的な学習活動―実のある高大接続を目指す基礎調査―」<br>『大学入試研究ジャーナル』25号，2015.03 |

1 平成18年（2006年）までは「国立大学入学者選抜研究連絡協議会」であった。

35 島田 康行，渡辺 哲司
「大学新入生が高等学校で経験した「国語」の学習内容―教育課程の改訂がもたらす学習の変化を捉えるために―」
『大学入試研究ジャーナル』25号，2015.03

34 大谷 奨
「連携型中高一貫校における進路指導」
『大学入試研究ジャーナル』25号，2015.03

33 大谷 奨
「公立併設型中高一貫校における進路指導―現状と課題―」
『大学入試研究ジャーナル』24号，2014.3

32 島田 康行
「大学初年次生が経験した高校『国語』の学習内容―『学習指導要領』の指導事項と実際の指導状況―」
『大学入試研究ジャーナル』24号，2014.03

31 白川 友紀，本田 正尚，戸田 さゆり，川勝 望
「筑波大学『理数学生応援プロジェクト』と入学経路」
『大学入試研究ジャーナル』24号，2014.03

30 大谷 奨，本多 正尚，島田 康行，白川 友紀
「大学移転が受験動向に与える影響―東京教育大学から筑波大学への『移転』を事例として」
『大学入試研究ジャーナル』23号，2013.03

29 川勝 望，白川 友紀，本田 正尚，戸田 さゆり
「筑波大学『理数学生応援プロジェクト』とスーパーサイエンスハイスクールとの関係」
『大学入試研究ジャーナル』23号，2013.03

28 白川 友紀，島田 康行，大谷 奨，本多 正尚，
「国立大学における編入学試験の出願動向」
『大学入試研究ジャーナル』23号，2013.03

27 大谷 奨
「公立中等教育学校と大学入試―理念と現状―」
『大学入試研究ジャーナル』22号，2012.03

26 白川 友紀，島田 康行，大谷 奨，本多 正尚，関 三男
「筑波大学学生表彰者と入試」
『大学入試研究ジャーナル』22号，2012.03

25 島田 康行
「大学入試『小論文』の10年―出題傾向の変遷に関する考察―」
『大学入試研究ジャーナル』22号，2012.03

24 本多 正尚，島田 康行，大谷 奨，白川 友紀
「AO 入学予定者への学力補完ではない入学前教育」
『大学入試研究ジャーナル』22号，2012.03

23 大谷 奨
「進学重視校における進路指導と推薦／AO 入試―A 県県立高校の『進路指導資料』を手がかりとして―」
『大学入試研究ジャーナル』21号，2011.03

22 島田 康行
「文章表現を課す大学入試と高校生の学習経験」
『大学入試研究ジャーナル』21号，2011.03

21 本多 正尚，島田 康行，大谷 奨，白川 友紀
「大学の入試広報と入学者の利用する情報源の差異およびその評価」
『大学入試研究ジャーナル』21号，2011.03

20 白川 友紀，本多 正尚，島田 康行，大谷 奨，川勝 望，戸田 さゆり
「筑波大学入試と理数学生応援プロジェクト」
『大学入試研究ジャーナル』21号，2011.03

19 大谷 奨
「大学入試制度と高等学校における進路指導―『進路のしおり・手引き』からみるその変遷―」
『大学入試研究ジャーナル』20号，2010.03

18 島田 康行
「『志望理由書』を課すことの意義―学習材としての可能性―」
『大学入試研究ジャーナル』20号，2010.03

17 本多 正尚，白川 友紀，島田 康行，大谷 奨，高野 雄二，佐藤 真紀
「春期におけるオープンキャンパスの実施とその評価」
『大学入試研究ジャーナル』20号，2010.03

16 白川 友紀，島田 康行，大谷 奨，本多 正尚
「国際科学オリンピック特別選抜の実施と今後の課題」
『大学入試研究ジャーナル』20号，2010.03

15 島田 康行
「AO 入試合格者の『不安』と入学前教育への依存」
『大学入試研究ジャーナル』19号，2009.03

14 大谷 奨，島田 康行，白川 友紀
「AC 入試受験経験者のその後の受験行動―再受験者の存在に注目して」
『大学入試研究ジャーナル』19号，2009.03

13 大谷 奨，島田 康行，白川 友紀，須磨崎 亮
「『AO 入試制度』の評価に向けて―入学者選抜の『当事者』へのディスカッション調査からの示唆」
『大学入試研究ジャーナル』18号，2008.03

12 島田 康行
「AO 入試『志望理由書』の研究」
『大学入試研究ジャーナル』18号，2008.03

11 島田 康行
「アドミッション・ポリシーに応じた入学前教育の試行」
『大学教育学会誌』29巻 1 号，2007.05

10 白川 友紀，島田 康行
「募集要項と募集広報から見た国立大学 AO 入試」
『大学入試研究ジャーナル』17号，2007.03

09 渡辺 哲司，島田 康行，白川 友紀，武谷 峻一
「指導教員による 4 年次学生の評価と入学者選抜方法」
『大学入試研究ジャーナル』17号，2007.03

08 島田 康行，白川 友紀，渡邉 公夫，山根 一秀
「入学前教育の在り方を再考する―アドミッション・ポリシーとの整合性」
『大学入試研究ジャーナル』16号，2006.03

07 白川 友紀，島田 康行，渡辺 公男，山根 一秀
「筑波大学工学システム学類 AC 入試追跡調査―卒業までの 4 年間―」
『大学入試研究ジャーナル』15号，2005.03

06 白川 友紀，島田 康行，渡辺 公男，山根 一秀
「筑波大学 AC 入学者の追跡調査―平成12年度入学者の 3 年目と14年度入学者―」
『大学入試研究ジャーナル』14号，2004.03

05 島田 康行，白川 友紀，渡辺 公男，山根 一秀
「入学前教育に対する学生自身の意識―筑波大学 AC 入試合格者の場合―」
『大学入試研究ジャーナル』14号，2004.03

04 白川 友紀，島田 康行，渡辺 公男，山根 一秀，鳴島 甫
「筑波大学 AC 入学者の追跡調査―入試種類と得意科目の関係―」
『大学入試研究ジャーナル』13号，2003.03

03 島田 康行，白川 友紀，渡辺 公男，山根 一秀，鳴島 甫
「秋季入学拡大の可能性を探る―高等学校対象アンケートの結果―」
『大学入試研究ジャーナル』13号，2003.03

02 島田 康行
「筑波大学 AC 入試の基本的考え方と平成13年度入試の結果」
『大学入試研究ジャーナル』12号，2002.03

01 白川 友紀，島田 康行，渡辺 公男，山根 一秀，鳴島 甫
「筑波大学 AC 入試入学者の追跡調査」
『大学入試研究ジャーナル』12号，2002.03

本稿では，これらの論文のいくつかに触れつつ，筑波大学ACの20余年の活動について，新しい入試の設計，入学後の教育，高校教育との関係など，テーマごとに振り返ってみる。

◆◇◆

## 第２節　新しい入試の設計

### 1．アドミッションセンター（AC）入試

#### 1.1. AC入試の趣旨

平成12年度（2000年度）入試に初めて導入されたAC入試の評価の観点について，表5－1の論文［02］は次のように言う。すなわち「自らの興味・関心に基づいて取り組んだ学習の過程で，自ら課題を見出し，それを解決する能力，すなわち問題解決能力を最重視する。提出書類に示された活動の中に，主体的な課題の発見と解決への努力・工夫の跡が見られるかどうかがポイントである」と。

昨今の高大接続改革の議論において，主体性の評価は主要な論点の１つになっているが，すでにこの自己推薦型の入試では，主体的かつ継続的に行われた研究や活動の過程における課題の発見と解決の工夫を評価の重要な観点に据えていた。スーパーサイエンスハイスクール（SSH）事業の開始に先立つこと２年，AC入試には主体的に自らの課題解決に取り組む志願者が集まった。平成16年（2004年）に発行されたAC入試の広報誌に，その年の合格者の自己推薦内容のキーワードがまとめられている。そこから当時の志願者たちの研究や活動の例をいくつか挙げてみる。

・三浦半島の御神楽研究―５年間のフィールドワーク（人文学類）
・天気図の作成とその分析（自然学類）
・英語落語に見る日米の「笑い」の違いと自作英語落語（比較文化学類）
・聾者に対する英語教育の研究（人間学類）
・ポトスはホルムアルデヒトを浄化できるか（生物学類）
・植物群落の調査に基づく生態系復活の研究（生物資源学類）
・大和郷―地図にない町の研究（社会工学類）

・メタサーチWebサイトの作成と運営（情報学類）
・酸性雨の自動計測装置の製作と観測（工学システム学類）
・運動技能の向上に果たす聴覚情報の役割（体育専門学群）
・触れる絵本の製作—聴覚障害を持つ方のための（芸術専門学群）

表5-2．AC入試募集人員の推移（改組前）

| | H12 | H13 | H14 | H15 | H16 | H17 | H18 |
|---|---|---|---|---|---|---|---|
| 第Ⅰ期（4月入学） | 2000 | 2001 | 2002 | 2003 | 2004 | 2005 | 2006 |
| 人文学類 | | 3 | 3 | 3 | 5 | 5 | 5 |
| 自然学類 | 5 | 5 | 5 | 5 | 5 | 5 | 5 |
| 比較文化学類 | | 4 | 4 | 4 | 4 | 4 | 5 |
| 日本語・日本文化学類 | | 2 | 2 | 2 | 2 | 2 | 2 |
| 人間学類 | | 5 | 5 | 5 | 5 | 5 | 5 |
| 生物学類 | | *3 | *3 | *3 | *3 | *3 | *3 |
| 生物資源学類 | | 4 | 4 | 4 | 4 | 4 | 4 |
| 社会工学類 | 1 | 5 | 5 | 5 | 5 | 5 | 5 |
| 国際総合学類 | | | 8 | 8 | 4 | 4 | 4 |
| 情報学類 | *4 | 4 | 8 | 8 | 8 | 8 | 8 |
| 工学システム学類 | 20 | 20 | 20 | 20 | 20 | 20 | 10 |
| 工学基礎学類 | *7 | 6 | 6 | 4 | 4 | 4 | 4 |
| 体育専門学群 | 8 | 8 | 8 | 8 | 8 | 8 | 8 |
| 芸術専門学群 | | 5 | 5 | 5 | 5 | 5 | 5 |
| 図書館情報専門学群 | — | — | — | — | — | 5 | 5 |
| （小計） | 45 | 74 | 86 | 84 | 80 | 85 | 76 |
| 第Ⅱ期（9月入学） | | | | | | | |
| 国際総合学類（Ⅱ期） | 8 | 8 | 若干 | 若干 | 若干 | 若干 | 0 |
| 工学システム学類（Ⅱ期） | 若干 | 若干 | 若干 | 若干 | 若干 | 若干 | 若干 |
| （小計） | 8 | 8 | 若干 | 若干 | 若干 | 若干 | 若干 |
| （合計） | 53 | 82 | 86 | 84 | 80 | 85 | 76 |

＊大学入試センター試験を課す（情報学類，工学基礎学類は同試験を課す方式で導入したが，2001年度以降，課すことを取りやめた。一方，生物学類は2001年度より同試験を課して導入した）。

この入試では，これらの取り組みが本人によって主体的になされたものであることを，形式・分量自由の自己推薦書と30分間の面接によって確認する。この選抜方法は現在も変わっていない。初年度53名（7教育組織）だった募集人員は，その後増減を繰り返すが，最大でも全入学定員の5％を超えなかった。設計の段階から，この方法による選抜を実現・維持していくためには，小規模の入試であることが適切であると考えられた。表5－2に導入当初（教育組織改編前）の募集人員の推移を示す。2年目以降，この入試の実施組織は大幅に増えたが，各組織とも募集人員は入学定員の5％以下に設定された[2]。

## 1.2.　AC入試における主体性の評価

この入試の内容が知られるようになるにつれ，受験生の「対策」がすぐに進んでしまうのではないかとの危惧が聞こえ始めた。しかし，実際には「対策」が進む前に，SSHをはじめとする種々の高大連携事業等によって，全国の高校に探究的な学習が広まり，志願者の研究活動は高度化した。出願時に提出される研究成果の質も年々向上した。一方で，どこまでが本人の主体的な活動なのか，判定は確実に難しくなった。

入試のためになされた活動を高く評価し得ないのはもちろんだが，既存のプログラムに拠った活動から主体性をどのように見出していくべきか，選考の過程ではより厳しい確認作業が求められるところとなった。確認できなければ合格を認めない。この入試が，合格水準に達する志願者がなければ募集人員を充足しなくてもよい（未充足分は一般入試で補う）という設計であったことが，慎重な選考を行うことを可能にした。それでもなお，主体性をもって学ぶ志願者を選抜し得ているかどうかは追究すべき課題であった（論文［01］［04］［06］［07］など）。

## 1.3.　入学前教育

平成13年度（2001年度）以降，全国の大学にAO入試が一気に広がった。早期入試としてのAO入試の拡大は，さまざまな「入学前教育」の出現につ

2　工学システム学類を除く。

ながった。強く動機づけられた合格者のために一足早く専門的な学びの入り口に立たせようとする「入学前教育」が現れた一方，書類と面接による選抜が一般化するにつれ，基礎学力の担保が課題として顕在化し，学力不足を補うための「入学前教育」も少なからず見られるようになった。

この時期，AC 入試合格者には，どのような「入学前教育」を用意すべきか／すべきでないのか，アドミッション・ポリシーとの整合性や入学者の意識などの観点から研究が重ねられた（論文［05］［08］［11］［15］など）。

初期の AC 入試入学者には「入学前教育」に関心のない者が多かった。平成14年度（2002年度）の入学者92名に対する調査では，「合格後，入学までに大学から課題を出して学習させるべきだと思うか」という問いに，63名の回答者のうち42名が「思わない」と答え，「思う」の21名を大きく上回った。「思わない」とした理由には「自主性に任せるべきだ」，「主体的な研究活動に当てる時間を確保したい」などが挙げられたほか，「指図されなくても行動できる者が AC 入試の合格者であるべきだ」という「反発」もあった（論文［05］）。しかし，平成16年度（2004年度）に行った同様の調査では「思う」が「思わない」を逆転した。翌年の調査でもこの状況は変わらず，自分の学力に不安を感じて入学前教育を求める合格者の声も聞かれるようになった（論文［08］）。「大学入学者選抜実施要項」（文部科学省）に「入学後の学習のための準備をあらかじめ用意しておくことが望ましい」と初めて書き込まれたのが，この平成16年（2004年）のことであった。

以来，AC では合格者に対する入学前教育の一環として合格後の活動状況等のレポートを課している。このレポートは，「AC 入試の合格者が，これまでの自分の研究や活動を振り返ることで，今の自分に足りないものは何か，入学までの期間に何をすべきかを，あらためて考える機会を提供することを目的として企図」された（後述の報告書「はしがき」より）。集まったレポートは一冊の報告書『筑波大学 AC 入試合格者の「合格まで」と「入学まで」―自己推薦内容と，合格後の活動状況レポート集成―』にまとめて全国の高校等に配布するほか，AC の Web サイトでも公開している。入学前教育としてのレポートをまとめて公表するのは「AC 入試の多面的・総合的な評価のあり方，すなわち，どのような人材を求めているのか，どのような学習を高く評価しているのかを，高等学校をはじめ，広く社会に知ってもらうことを意図してのこと」であるが，「早期に合格者を決定する大学入試や，その合格者に対する大学からの働きかけはどのようにあるべきかを問い直そうという意図も」（報告書「はしがき」より）ある。

### 1.4. 募集人員の推移

基礎学力の担保もAC入試導入当初の課題であった。表5－2からわかるように，情報学類，工学基礎類はセンター試験を課す方式でこの入試を開始したが，翌平成13年度（2001年度）にはセンター試験を課すことを取りやめた。志願者，合格者の状況を見ての判断であった。一方，同年よりAC入試を開始した生物学類はセンター試験を課すこととし，しばらくこの方式を継続したが平成20年度（2008年度）以降，これを課すことを止めている。以来AC入試にセンター試験を課す学類はない。入学者の学内成績はどの教育組

表5－3． AC入試募集人員の推移（改組後）

| | H19 | H20 | H21 | H22 | H23 | H24 | H25 | H26 | H27 | H28 | H29 | H30 | H31 | R 2 | R 3 |
|---|---|---|---|---|---|---|---|---|---|---|---|---|---|---|---|
| | 2007 | 2008 | 2009 | 2010 | 2011 | 2012 | 2013 | 2014 | 2015 | 2016 | 2017 | 2018 | 2019 | 2020 | 2021 |
| 人文学類 | 5 | 5 | 5 | 5 | 5 | 5 | 5 | 5 | 5 | 5 | 5 | 5 | 5 | 5 | 5 |
| 比較文化学類 | 5 | 5 | 5 | 5 | 5 | 5 | 5 | 5 | 5 | 5 | 5 | 5 | 5 | 5 | 5 |
| 日本語・日本文化学類 | 2 | 2 | 2 | 3 | 3 | 3 | 3 | 3 | 3 | 3 | 3 | 3 | 3 | 3 | 3 |
| 国際総合学類 | 4 | 4 | | | | | | | | | | | | | |
| 教育学類 | 3 | 3 | 3 | 3 | 3 | 3 | | | | | | | | | |
| 生物学類 | *3 | *3 | 3 | 3 | 3 | 3 | 3 | 3 | 3 | 3 | 3 | 3 | 3 | 3 | 3 |
| 生物資源学類 | 4 | 4 | 4 | 4 | 4 | 4 | 4 | 4 | 4 | 4 | 4 | 4 | 4 | 4 | |
| 地球学類 | 3 | 3 | 3 | 3 | 3 | 3 | 3 | 3 | 2 | 2 | 2 | 2 | 2 | 2 | |
| 数学類 | 若干 | 若干 | 2 | 2 | 2 | 2 | 2 | 2 | 2 | 2 | 2 | 2 | 2 | 2 | |
| 物理学類 | 若干 | 若干 | 2 | 2 | 2 | 2 | 2 | 2 | 2 | 2 | 2 | 2 | 2 | | |
| 化学類 | 若干 | 若干 | 2 | 2 | 2 | 2 | 2 | 2 | 2 | 2 | 2 | 2 | 2 | 2 | |
| 応用理工学類 | 4 | 4 | 4 | 4 | 4 | 4 | | | | | | | | | |
| 工学システム学類 | 10 | 10 | 10 | 10 | 10 | 10 | 10 | 10 | 8 | 8 | 8 | 8 | 8 | 8 | |
| 社会工学類 | 5 | 5 | 5 | 5 | 5 | 5 | 5 | 5 | 5 | 5 | 5 | 5 | | | |
| 情報科学類 | 8 | 8 | 8 | 8 | 8 | 8 | 8 | 8 | 8 | 8 | 8 | 8 | 8 | 8 | 8 |
| 情報メディア創成学類 | 4 | 4 | 4 | 4 | 4 | 4 | 4 | 4 | 4 | 4 | 4 | 4 | 4 | 4 | 4 |
| 知識情報・図書館学類 | 5 | 5 | 5 | 5 | 5 | 5 | 5 | 5 | 5 | 5 | 5 | 5 | 5 | 5 | 5 |
| 体育専門学群 | 8 | 8 | 8 | 8 | 8 | 8 | 8 | 8 | 8 | 8 | 12 | 12 | 12 | 12 | 12 |
| 芸術専門学群 | 5 | 5 | 5 | 5 | 5 | 5 | 5 | 5 | 5 | 5 | 5 | 5 | 5 | 5 | |
| （合計） | 78 | 78 | 80 | 81 | 81 | 81 | 74 | 74 | 71 | 71 | 75 | 75 | 70 | 68 | 45 |

＊大学入試センター試験を課す。

織でも年度によりばらつきがある。追跡調査の指標についても長年の課題であり続けている（論文［01］［04］［06］［07］［09］など）。

表5－3に平成19年度（2007年度）に行われた改組以降のAC入試募集人員の推移を示す。この間，募集人員を減らしたり，入試そのものを中止したりする組織がある一方で，体育専門学群のように募集人員を増やす組織もある。この入試のアドミッション・ポリシーや選抜方法，入学者の成績などを恒常的に見直す中で，組織ごとに最適解を求めた結果である。また社会学類，医学群各学類のように一貫して実施していない組織もある。

令和3年度（2021年度）入試においては実施組織が大幅に減っているが，これは，この年から，筑波大学の一般選抜の一部に，入学後の所属を決めずに入学する「総合選抜」が導入されることにともない，各組織が実施する入試の構成を全面的に見直したことによっている。

## 2．いくつかの小規模な入試

令和3年度（2021年度）入試における「総合選抜」の導入（と，「総合学域群」の創設）にともなう学群入試の全面的な見直しによって，筑波大学の入学者選抜は新たな局面を迎えたと言える。数年来の一連の入試改革に関与したことで，学内におけるACの役割にも小さからぬ変化があったが，それについては稿を改めて詳述することとしたい。

ここでは，これまでにACが設計と運営に携わってきたいくつかの小規模入試について述べる。

### 2.1. 国際科学オリンピック特別選抜

平成19年（2007年）4月，第3回全国物理コンテスト「物理チャレンジ2007」が筑波大学で開催されたことを機に，当時の岩崎洋一学長（物理学）のリーダーシップのもと，「国際科学オリンピック特別選抜」の構想が立ち上がり，平成21年度（2009年度）入試で初めて実施された。その平成21年（2009年）には国際科学オリンピック（国際生物学オリンピック）が日本で初めて，つくば市で開催された。「国際科学オリンピック特別選抜」導入の経緯，概要，課題については論文［16］に詳述されている。

当時，国際科学オリンピックを入試で評価する国公立大学としては大阪大学，岡山大学，お茶の水女子大学，首都大学東京があったが，入試の種類や評価方法などはまちまちであったようだ。

筑波大学では，出願から合格発表までの選考期間，選抜方法（書類選考，面接）をAC入試と重ねることで，教職員の作業負担を最小限に抑えることとした。ただし，アドミッション・ポリシーや評価の観点はAC入試とは大きく異なるので，選考の過程，特に面接において選考にあたる者はその切り替えに注意が必要となっている。

初年度は，生物，物理，化学，数学，情報科学，情報メディア創成の6学類が若干名を募集し，生物，物理の2学類に計11名の応募があった。このうち6名を合格とし，5名が入学手続きを行った。なお，合格発表後，合格者1名の高校を訪問し，本人および教員と面談がなされている。論文［16］には面談の結果として，このようなコンテストへの参加に積極的である高等学校や理科教員をバックアップしたいという本学の意図は伝わる可能性が高いこと，受験に際して特に系統だった準備や対策を立てることもなく，他の受験準備の妨げになっていないことが報告されている。

その後，実施学類の増減，募集人員の一部定員化などの曲折を経て，令和3年度（2021年度）入試は5学類，いずれも若干名の募集で実施された。4名が出願し，全員が合格した。志願者数には波があるものの，近年は毎年数名が合格する状況が続いている。現在，一部の学類では並行して行われるAC入試の評価基準との整合を図るため，アドミッション・ポリシーの見直しを行っている。

### 2.2. 国際バカロレア特別入試

平成25年（2013年），当時，国際バカロレア日本アドバイザリー委員会の委員であった永田恭介学長の強力なリーダーシップのもと，学内に入試方法の改善に関するタスクフォースが設置され，「国際バカロレア特別入試」（以下，IB入試）の導入等についての議論が始められた。この入試の導入の経緯，実施状況等に関しては，論文［37］［43］に詳しい。論文［43］は次のように述べる。

平成25（2013）年5月，筑波大学では学長の下に入学者選抜方法に関する諸課題について検討するためのタスクフォースが設置され，「学生の自立性の涵養につながる入学者選抜」「入学試験の国際化対応（英語検定試験の導入を含む）」「現行入試制度の見直し，業務体制の構築」に関する議論が進められることとなった。国際バカロレア資格を活用する入試についても，この場でその方向性の検討が進められた。

タスクフォースの議論を踏まえ，平成26（2014）年1月30日には「入学者選抜方法等の改革について」として，先の4項目についての具体的な方向性が公表された。このうち「入学試験の国際化対応」に関しては，(1)「IB入試」を含むグローバル入試の実施（「IB入試」は平成27（2015）年度4月入学者を対象とし，全学で11月に実施する），(2) 英語4技能外部検定試験の導入という2点を柱とする内容であった。また「IB入試」を含むグローバル入試はアドミッションセンター（以下ACと略称）が対応することも併せて公表された。

さらに「今後の予定」として「今回取りまとめた改革の方向性に基づき詳細設計を行い，学内手続きを経て，受験生等への予告を行った上で，早期の入試改革の実行を目指す」，「必要なものは先行して詳細設計を行い，早期導入を目指す」ことが併せて発表された。タスクフォースの設置から8か月後，「IB入試」出願開始の7か月前であった。学内には，導入の必要性や意義などについて議論が必ずしも十分ではないという声もあった。

こうして平成27年度（2015年度）入試から，すべての教育組織が，それぞれ若干名を募集する形で，IB入試を開始した。この入試もまた，選考期間，選考方法をAC入試と重ねて実施することとした。IBプログラム自体，学内の大多数の教職員にとってはなじみの薄いものであったが，プログラムにおける学びの内容を，書類選考と面接で確認するという方法ならば，AC入試のノウハウが生かせるのではないかと考えたからだ。これによって当初予定よりさらに数か月早く，IB入試の募集，選考が始まった。

しかし，いざ選考を進めてみると，海外のディプロマ取得者と国内の取得見込み者の成績を同列に比較することが難しいなど，多くの課題が出てきた（論文［37］）。IBプログラムにおけるEE（課題論文）がAC入試における自己推薦書のように機能することを期待したが，実際には理工系を目指す生徒が，評価の厳しい理系科目を避け，高い評価を得やすい日本文学を選択する例が散見されるなど，思惑通りでなかったこともその1つである。

表5－4．IB入試の志願者数と合格者数

| 年度 | 志願者数 | 合格者数 |
|---|---|---|
| 2021 | 32 | 7 |
| 2020 | 33 | 3 |
| 2019 | 21 | 5 |
| 2018 | 21 | 2 |
| 2017 | 24 | 4 |
| 2016 | 13 | 5 |

課題の多さは選抜の実施状況にも反映されている（表5－4）。志願者数は増加傾向にあるが，合格者数は低調のまま推移している。実は，歩留まり率の低さがこの入試の特徴となっており，表中の合格者のうち入学手続きを行った者は数名に過ぎない。そのことがさらに教育組織のモチベーションを削ぐという悪循環に陥っている。

IBプログラムの卒業者を初めて出す国内高校と，IBを利用した大学進学に慣れた海外のインターナショナル・スクールに同じ対応を求める事務作業の負担もあまりにも大きく，令和4年度（2022年度）入試からこの入試の枠組みを刷新することにした。

具体的には，従来のIB入試（9月出願）をディプロマ取得者のみを対象とする入試としたうえで，取得者及び取得見込み者を対象とした入試（11月出願）を新たに実施する。IB入試（11月出願）は，教育組織が実施する推薦入試と日程を重ねて行うこととし，推薦入試と同じ小論文を課すなどの選考方法を採る。推薦入試と同時期に同様の選抜方法の入試を行うことで，（主に国内高校の）ディプロマ取得見込み者の学力確認が容易になることを見込んでいる。また，推薦入試は教育組織が中心となって実施する入試であるため，IB入試（11月出願）の実際の選考作業の大部分は，ACから教育組織に移ることになる。

## 2.3.　そのほかの小規模入試

そのほかACが企画・運営する入試として，平成30年度（2018年度）から「海外教育プログラム特別入試」（以下，KP入試）が，令和2年度（2020年度）から「研究型人材入試」が開始された。どちらも医学類のみが実施する入試である。これら２つの入試は，前述の国際科学オリンピック特別入試，IB 入試とは異なり，実施組織の内発的な動機によって企画されたものである。KP 入試は，SAT，アビトゥア，A レベルなどの成績を基に評価を行う入試で，IB 以外のプログラムにも目を向け，海外の優秀な高校生を選抜しようという戦略の一環である。令和３年度（2021年度）の IB 入試には３名，KP 入試には２名の定員が設けられた。

また，研究型人材入試は，AC 入試を実施しない医学類が，高校生の研究活動を重視して評価する入試である。高校時代における研究活動が必須である点，センター試験（現，大学入学共通テスト）で基礎学力を確認する点が AC 入試とは異なっている。

これまで，AC 入試を実施しない医学類とは長く接点を持てずにいたが，IB 入試の導入をきっかけとして，協力体制が構築されつつある。134名の入学定員のうち，推薦入試に62名（うち地域枠18名），IB 入試に３名，KP 入試に２名の募集人員を割り振る医学類の，一般入試に対する評価も垣間見ることができた。

## 第３節　入学後の教育

### 1．追跡調査

第２節の1.2において，AC 入試が「主体性をもって学ぶ志願者を選抜し得ているかどうかは追究すべき課題であった」と述べた。そこに挙げた論文［01］［04］［06］［07］は，それを検証する方法についての模索でもあった。「主体性」は学内成績では測りがたい側面があることを多くの教員は実感しているだろう。そもそも AC 入試導入の背景には，学内成績のよさが必ずしも主体性を保証するものではないという認識もあった。

ただ，入学した学生の主体性を評価する有効な指標を見出すのは難しい。論文［01］［04］では，［04］の副題「入試種類と得意科目の関係」が示すように，入試経路と特定の科目群—主体的な問題解決を求められる科目と，いわゆる座学中心の科目—の成績との関係を見出そうとした。その［04］も，「工学システム学類の平成12年度入学者，13年度入学者では，一部必修科目の1，2学期の成績において，AC入試，推薦入試で選抜した学生群が，個別学力検査（前期，後期）で選抜した学生群よりも，正解がないような，意見を述べる必要があるような科目群が得意であるという傾向がみられること」を報告するにとどまっている。

論文［26］も，学内成績以外に，学生のパフォーマンスを評価する方法を考えようとしたものである。ここでは学生表彰を受けた学生の入学経路に注目している。筑波大学の学生表彰は，学内のみならず学外の，全国的あるいは国際的な評価をもとに被表彰者を決定する。［26］は平成17年度（2005年度）から平成22年度（2010年度）までの6年間，計50件の表彰者の，入学経路の内訳を明らかにした。それによるとAC入試入学者15件，推薦入試入学者22件，個別学力検査入学者9件，その他入試入学者3件との結果であった。全入学者の3％程度のAC入試入学者が表彰件数の30％以上を占め，千人当たり表彰件数も28.2件と平均（2.8件）の10倍であった。主体性評価の観点としてどこまで有効か，検討の余地は残るだろうが，当時のAC入試が，その趣旨にかなった学生をよく選抜し得ていたことを示す結果とは言えるだろう。

## 2．理数学生応援プロジェクトと先端的研究者体験プログラム（ARE）

文部科学省の委託事業「理数学生応援プロジェクト」は平成19年度（2007年度）から実施され，平成22年（2010年）には20を超える大学がこの事業に参加した。筑波大学もこの委託事業に採択され，「開かれた大学による先導的研究者資質形成プログラム」に取り組むこととなった。ACが入学後の学生の教育に関与する機会はほとんどないが，主体的な問題解決能力を有する研究志向の高い学生を選抜する入試を実施する機関として，入学後にその能力を伸ばす環境の整備には常に関心をもっている。そこで，理工農系の3学群と協力して運営委員会を組織し，このプロジェクトの実施に参画した。その経緯は論文［20］に詳しい。

他大学のプロジェクトには，参加者の全部または一部を特定の入試で選抜するものもあったが，筑波大学のプログラムは理工農系のすべての学生に開放され，入試による枠を設けていなかった。このプログラムへの参加者と入学経路との関係が論文［31］に報告されている。

これによると平成21年度（2009年度）の研究課題15件の研究代表者のうち

9件はAC入試入学者，平成22年度（2010年度）は23件のうち9件の研究代表者がAC入試入学者であった。両年度における全参加者の入学経路を調べると，AC入試入学者の参加は22名（参加率10.2%），AC入試以外の入試による入学者の参加が26名（参加率0.4%）と，AC入学者の参加が有意に多かった。研究志向の高い学生を選抜するAC入試入学生の参加が多いだろうと予想されていたが，その予想を裏付ける結果となった。

委託事業の終了後も，このプログラムは筑波大学独自の「先導的研究者体験プログラム（ARE）」として現在まで継続されている。平成25年度（2013年度）からは募集対象を全学に広げ，1～3年生の誰もが応募できる事業となった。平成31年度（2019年度）には文系も含めた77件が採択されている。この間，プログラム参加者の入学経路も継続的に報告されてきた。

論文［44］は近年の状況を次のように報告する。すなわち，対象を全学に拡大した平成25年度（2013年度）以降，平成31年度（2019年度）までの入試別のARE参加率（平均）を見ると，国際科学オリンピック特別入試，AC入試，編入学の順に高い。また一般入試（前期）の参加率は高まっていない。

AREは，自らの研究課題について研究計画を立て，研究計画書を書いて申請し，それが認められれば研究を遂行して研究発表を行うという一連の活動からなるプログラムである。国際科学オリンピック特別入試，AC入試では，このような活動への志向が強い学生を継続的に選抜し得ていると言えそうである。

本節に示した一連の論考は，ある入試が，求める資質・能力を備えた学生を選抜しているかどうかを検証する試みであるが，その妥当性を判断するためにはさらに長期にわたる追跡調査が必要だろう。

## 第4節　高校教育との関係

### 1．進路指導研究

このたびの高大接続改革の流れの中で，筑波大学は，共通テストにおける英語民間試験の活用，記述式問題の評価，主体性等に関する評価等の諸問題について比較的早い時期から検討を始め，意思決定を行ってきた。その過程で，AC が学内で果たす役割も重要度を増していったと言えそうだ。数年来，筑波大学では前期入試に大括りの区分で選抜を行う新方式入試の導入を検討しており，AC は検討の中心となって議論に携わってきた。折しもその議論が一応の収束を迎えつつある中，接続改革に関する諸課題が次々と立ち現れ，その対応も AC が中心となって議論を進めることになった。

対応を検討するうえでは，諸課題に対する高校の考え方を知ることが欠かせない。学内でその情報に最も通じているのは AC であり，中心的な役割を果たすことになったのは必然でもある。

広報活動を通じて日常的に高校の進路指導教員と情報交換し，積極的なネットワーク形成を図ってきたことはもちろん，進路指導のあり方について種々の研究を重ねてきた（論文［19］［23］［33］［34］など）ことは，高校教育に寄り添った意思決定に大きく反映されたと言える。今回の諸課題に対するいずれの対応も（見送られた部分も多いが），多くの高校に理解，支持されたものと考えている。

## 2． 教育課程と入試

AC は，発足以来，進路指導のほかにも，高校の教育課程の全般，また各教科の教科教育の動向にも目を配ることを重視してきた。AC の専任教員は入試の選考業務に携わる必要から，さまざまな分野から選ばれている。現在の専任教員は人文社会系，人間系，生命環境系，数理物質系の所属である。過去には機能工学系，医学系，自然系所属の教員がこの任にあり，数学教育，理科教育に関する発信がなされたこともある。

筆者は国語教育に強く関心を寄せる立場から，志望理由書や小論文（論文［12］［18］［25］），学習指導要領と「書く力」（論文［35］［36］［40］［42］）等に関する研究に携わってきた[3]。

現在，小・中学校では多くの教員が，3 つの観点による新しい観点別評価に戸惑っている。この後，高校の各教科でも同じ問題が起こるだろう。大学側には「主体的に学習に取り組む態度」を，主体性等の評価に活用できるの

3 ［12］［18］［25］は，加筆・修正ののちに拙著（島田，2012）の一部となった。また，［35］以下も同様に加筆修正ののち，渡邉・島田（2017），春日・近藤ほか（2012）などの著作の一部となった。

ではないかという期待もあるが，高校における観点別評価が安定的に実施されるまでには時間もかかりそうだ。入学者選抜の過程でどのように扱い得るのか，しばらくは注意深く見守る必要がある。ACの直面する新たな課題の1つである。

◆◇◆

## 第5節　おわりに

筑波大学ACは平成11年（1999年）に設置されて以来，新しい入試の企画・運営に携わりつつ，入試に関連する研究を積み重ねてきた。ここでは，新しい入試の設計，入学後の教育，高校教育との関係をテーマとした研究について，『大学入試研究ジャーナル』に掲載された論文を中心に振り返ってきた。取り上げられなかったテーマの研究も少なくない。また，ACの主要な業務の1つである入試広報についても触れる余地がなかった。

令和3年度（2021年度）には，一般入試に大括り枠で選抜を行う「総合選抜」が導入され，筑波大学の入試は大きく変わる。この新しい入試の設計や実施状況，またこの改編にACが果たした役割等についてもいずれ総括が必要になろう。

### 付　記

本稿はJSPS科学研究費補助金JP16H02051の助成に基づく研究成果の一部を活用している。

### 文　献

春日 美穂・近藤 裕子・坂尻 彰宏・島田 康行・根来 麻子・堀 一成・由井 恭子・渡辺 哲司（2021）．あらためて，ライティングの高大接続――多様化する新入生，応じる大学教師――　ひつじ書房

島田 康行（2012）．「書ける」大学生に育てる―― AO入試現場からの提言――　大修館書店

渡辺 哲司・島田 康行（2017）．ライティングの高大接続――高校・大学で「書くこと」を教える人たちへ――　ひつじ書房

第  章

# 入試を創るということ
## ——お茶の水女子大学新フンボルト入試の挑戦——[1]

安成　英樹

◆◇◆

## 第１節　はじめに

「高等教育施設（大学）は，学問をつねにまだ完全に解決されていない『問題』として，したがってたえず研究されつつあるものとして扱うところにその特徴をもつものである。したがってここでは教師と学生との関係はそれ以前の，学校（初等中等教育機関）におけるそれとはまったくおもむきを異にする。すなわちここでは教師は学生のためにそこに居るのではなくて，教師も学生も，学問のためにそこに居るのである。」（ウィルヘルム・フンボルト　梅根訳，1970，pp.210–211：傍点および丸括弧内は筆者，以下同）

「われわれが学問を学ぶのは，一生涯いつでも試験にそなえて，学んだことをそのままいえるようにしておくためではない。そうではなくて，学んだことを人生のきたるべき場合に応用するためであり，したがって学んだことをひとつの働きに変えるためである。……したがって究極の目的は決して単なる知識ではなくて，むしろ知識を駆使する技法にある。」（フィヒテ　梅根訳，1970，p.14）

「試験（とは）……知識を測るそれではなく技法を測る試験。……むしろ問題は学んだことを前提として，この前提を応用してなにかの具体的な結論をだささすことを答として要求するようなものでなければならない。」（フィヒテ　梅根訳，1970，p.19）

---

1　本稿は，第32回東北大学高等教育フォーラム　大学入試を設計する――「大学入試研究」の必要性とその役割――（令和２年（2020年）９月23日）において，現状報告１「入試改革への挑戦――お茶大新フンボルト入試の実施状況・課題・展望――」として発表した内容を加筆修正したものである。

「リポート（は，）これもつねに技法を学ばせる目的でなされる。したがって学んだ知識をそのまま再生するのではなく，それらからなにかべつのものを生みださなければならない。したがってそれは学生がその知識をどれだけ己れのものにし，あらゆる応用の道具として身につけているかをあきらかにするようなリポートでなければならない」（フィヒテ 梅根訳，1970，p.19）

長々と引用したが，これらは19世紀初頭ベルリン大学を創設したウィルヘルム・フォン・フンボルト（言語学者，外交官，1809–1810年宗務公教育庁長官）と，その初代総長となった哲学者ヨハン・ゴットリープ・フィヒテの言葉である。大学が教育と同時に研究の場でもあること，大学での学びは知識を得る（蓄積する）ことではなく，知識を応用・活用する術を体得することである，という彼らの理念は，近代大学の祖型というべきベルリン大学の創設時の基本理念となり後続の大学構想の基礎となった概念だとされるが[2]，今なお大学のあるべき姿の一端を表現した言葉でもあろう。これから紹介するお茶の水女子大学（以下，お茶大）の新型 AO 入試[3]が「新フンボルト入試」と称するのは，制度設計段階で彼らの理念に世紀を超えて共鳴したがゆえであった。

さて，本稿では，お茶大が平成28年度（2016年度）より導入した新 AO 入試（現在では総合型選抜）である新フンボルト入試の制度設計と初期の実施状況，そしてその経験から得られた入試制度構築に際しての課題と展望を論じる。お茶大の新入試導入の狙い，制度設計，実施状況などを包み隠さず解説すると同時に，その課題や問題点などを剔出し，入試制度の設計，ひいては大学入試学創出の一助とすべく，以て他山の石としてもらうことが本稿の目指すところである。

---

**2**　もっともこの「フンボルト理念」の果たした役割やその影響力に関しては近年さまざまな批判も指摘されている（潮木，2008）。

**3**　令和２年度（2020年度）より文部科学省の主導で入試方法の名称が大きく変わったが（一般入試→一般選抜，推薦入試→学校推薦型選抜，AO 入試→総合型選抜），本稿では混乱を避けるため新名称に改称せず，AO 入試等の旧呼称を用いることとする。また入試年度の呼称は，実施した年度で呼称することとする（平成28年（2016年）９月に行ったプレゼミナールや10月図書館入試・実験室入試は，「平成28年度（2016年度）」入試とする）。

◆◇◆

## 第２節　新フンボルト入試の設計と構造

### 1．新フンボルト入試導入の経緯と背景

お茶大がAO入試改革に乗り出したのは，文部科学省が平成26年度（2014年度）に公募した「大学教育再生加速プログラム」（略称AP）のテーマⅢ（入試改革）に応募したことに始まる。テーマⅢの入試改革は，新しい学力の３要素をふまえて，「大学入学者選抜を，意欲・能力・適性を多面的・総合的に評価・判定するものに転換する」ような改革が求められた。AP事業は平成26年（2014年）３月に公募要領が公開され，４月下旬に説明会を開催，公募締切が５月末というタイトなスケジュールであった[4]。この平成26年（2014年）４月に筆者は当時の羽入佐和子学長から本学入試推進室長（教育研究評議員）への就任，あわせてAP事業に応募して入試改革を推進してほしい旨，負託された。爾来同職として５年間入試の総責任者，そして新フンボルト入試の主務設計者の役割を担うこととなった（AO入試のみの責任者としては令和元年度（2019年度）までの６年間）。

お茶大は非常に小さな大学である。３学部（文教育学部，理学部，生活科学部）から構成され，一学年の学生定員はわずか452名である。とはいえ，小規模でありながら全国から受験生を受け入れ，女性グローバルリーダーの育成を掲げる総合大学として140年余の歴史を培ってきた。いずれの国立大学も同様であろうが，本学も国立大学法人化以降，大きく変化する社会情勢に適応しつつ，この20年余にわたってさまざまな学内の教育改革を推進してきた。改革という線路を突進してきたようなものである（そのリアクションとしての教員・事務組織の疲弊，「改革疲れ」をも免れ得なかったが）。その成果として，新たな学士課程改革である21世紀型文理融合リベラルアーツ教育や複数プログラム選択履修制度等が構想され，本学の特色ある教育制度として定着していった。従来の学士教育課程を刷新し，こうした新たな充実した教育システムを整えた今，「新しい革袋には新しい酒を」，すなわちより優

4　大学教育再生加速プログラムの公募要領，その他の資料は，文部科学省および日本学術振興会のウェブサイトを参照のこと。文部科学省 https://www.mext.go.jp/a_menu/koutou/kaikaku/ap/1346354.htm，日本学術振興会 https://www.jsps.go.jp/j-ap/index.html（いずれも最終閲覧日2021年3月5日）

秀な学生を獲得することが喫緊の課題となっていた。そのための取り組みとしてAP授業へのアプライが準備されたのである。

AP事業に応募するに際して，主目標としたのは本学AO入試の大幅な刷新である。お茶大ではすでに平成20年度（2008年度）よりかなり独創的なAO入試を実施してきていた。この旧AO入試は，定員が全学で10名，第1次選考を書面審査で実施し，第2次選考では2日間にわたって文理両分野の授業および英語の授業を受講してもらい，レポートや小論文を書いた上でさらにグループ討論や面接を受けてもらうという，それはそれで手間をかけた，受験生にとってもハードな入試であった。入学後の成績を見ても優秀な学生を選抜できていたのだが，それでもいくつかの課題があった。なかでももっとも大きなものは，受験者が文系諸学科に偏り，理系の出願者がきわめて少ないという傾向が見られ，また文系諸学科志望者も年度によって受験者数が大きく変動し，結果として定員10名を安定的に充足できないということが続いていた（導入後9年間に定員10名を充足できたのはわずか1年度のみ）。

この旧AO入試を全面的に改革し，より丁寧でユニークな選抜方法を創出・再構築することで，文理系双方の受験生にチャレンジしてみようと思わせるような魅力的な入試に変えること，これを橋頭堡としてお茶大の入試制度全体の改革を推進すること，そしてなにより入学時に知的ピークを迎えてしまう学生ではなく，入学後の学びのなかでその意欲と能力を伸ばし，大学院への進学後あるいは社会に出てからもいっそうの飛躍を見せるような，「伸びしろ」（ポテンシャル）のある学生を選抜しうる入学者選抜方法を確立すること，を目標とした。近年「新しい学力の3要素」に端的に見られるように，大学教育への社会的要請は，深い専門性に加えて問題発見・課題解決能力に優れるジェネリックな能力を備えた人材養成へとシフトしている。主体性の評価などその理念の是非についてはひとまず置くとして，こうした社会的要請に対応するためには，入学後の教育体制を錬磨することはもちろん，入学者選抜段階で優秀でかつ将来性豊かな「尖った」資質を持つ優秀な人材を確保することが，大学にとって喫緊かつ最重要の課題であると判断し，これを実現すべく本事業計画を立案したのである。

また，せっかく新しい入試を考案するのであれば，他に例を見ないような，面白い入試にしようというのが基本コンセプトでもあった。そして「ポテンシャルを測る」というような困難な目標を立てるのであれば，実施側の負担はひとまず置いておいて，丁寧で手間暇を惜しまない入試をじっくりやるしかない，という覚悟を固めていた。また，誤解を怖れずにいえば，受験生にとって合否にかかわらず，受験することでなにかを得ることのできる入試，なにかを持ち帰ってもらう入試であることを志した。フンボルトの言うように大学が教育と研究の場であるならば，入試もまた教育の場でもあってもよい。こうした，敢えて二兎を追う入試制度の創出を狙ったのである。

当たり前のことであるが，大学にとっての最大の財産は「ヒト」であり，とりわけお茶大という場で学び育っていく学生なのである。そのために優秀でポテンシャルに富む人材をより一層引き寄せるような魅力ある入試制度を考案していくこと，今まで本学を視野に入れていなかったような高校生にアピールし「こちらを向いてもらう」ことは，これからの大学の生残戦略に欠かせない観点であろう。そのための仕掛けが，第1次選考であるプレゼミナール，第2次選考である図書館入試・実験室入試，というかたちに結実していくことになる。

## 2．新フンボルト入試の制度概要（I）—プレゼミナール

以下，新フンボルト入試の仕組みをやや詳しく紹介したい（図6－1参照）。まず最初に，この新入試の定員を旧AO入試の10名から倍増させて，20名とした。この20名を選抜する新フンボルト入試は，2段構えの構造となっている（第1次選考のプレゼミナールと，第2次選考の図書館入試・実験室入試）。まず第1次選考としてプレゼミナールを実施する。これは入試でありながらも，受験者に大学の授業を直接体験させ，大学で学ぶとはいかなる営為なのかを直に体験してもらうことに主眼を置いた設計になっている。言わばアカデミックなオープンキャンパスである。プレゼミナールは毎年9月末の週末に実施し，導入当初（3年間）は2日間の日程で行った。なお導入4年目（令和元年度（2019年度））にはAP事業補助金の終了を見越してプログラムを圧縮し，土曜日1日で完結するかたちにあらためた。プレゼミナールでは，文系5～6，理系7～9のセミナーを開講する。昼休みをはさんで午前，午後それぞれ90分の，日頃お茶大生が受けている通常の授業と同じレベルの授業を，そのまま高校生に受けてもらう。当然セミナー講師と授業内

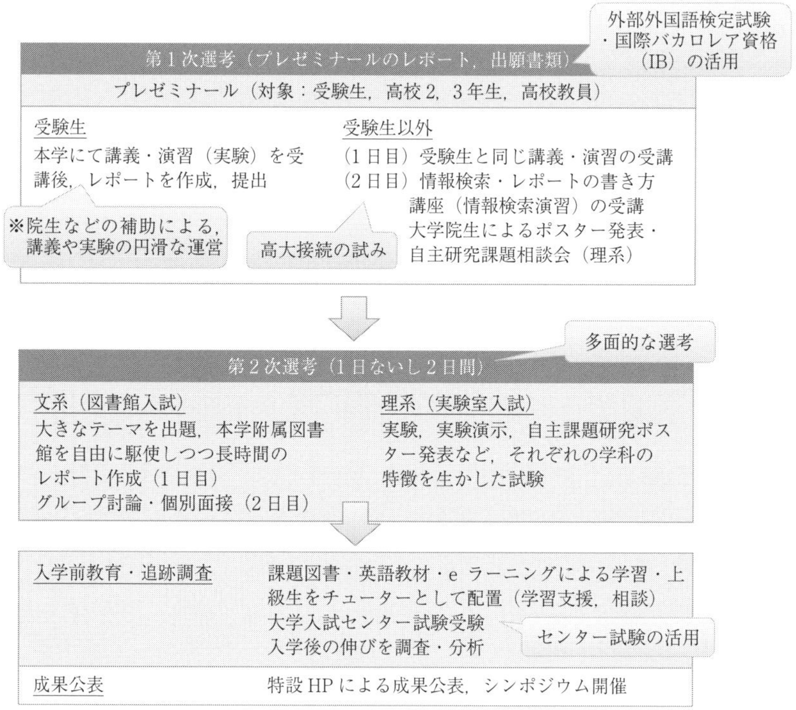

外部外国語検定試験・国際バカロレア資格（IB）の活用

**第1次選考（プレゼミナールのレポート，出願書類）**

プレゼミナール（対象：受験生，高校2，3年生，高校教員）

受験生
本学にて講義・演習（実験）を受講後，レポートを作成，提出

※院生などの補助による，講義や実験の円滑な運営

受験生以外
（1日目）受験生と同じ講義・演習の受講
（2日目）情報検索・レポートの書き方講座（情報検索演習）の受講
大学院生によるポスター発表・自主研究課題相談会（理系）

高大接続の試み

多面的な選考

**第2次選考（1日ないし2日間）**

文系（図書館入試）
大きなテーマを出題，本学附属図書館を自由に駆使しつつ長時間のレポート作成（1日目）
グループ討論・個別面接（2日目）

理系（実験室入試）
実験，実験演示，自主課題研究ポスター発表など，それぞれの学科の特徴を生かした試験

入学前教育・追跡調査
課題図書・英語教材・e ラーニングによる学習・上級生をチューターとして配置（学習支援，相談）
大学入試センター試験受験
入学後の伸びを調査・分析

センター試験の活用

成果公表
特設 HP による成果公表，シンポジウム開催

図6-1． 新フンボルト入試の骨格

容は毎年異なるものとなる。セミナー担当者とその授業の概要は，あらかじめプレゼミナール案内パンフレットに明記し，受講者はその中からもっとも興味のあるものを自ら選んで参加することになる（ただし理系学科受験者は，自分の志望学科のセミナー受講が必須）。本学の研究分野をふまえ，ある程度専門分野や内容のバランスを考えて毎年プログラムを組むのであるが，受験生は自分が出願する学科所属の教員のセミナーを選ぶ必要はない。また，自分が大学に入って学びたいと思っている分野のセミナーが，昨年はあったのに今年はない，といった事態も必然的に生じる。あくまでその年のプレゼミナールのラインナップの中から，自分の興味と関心に基づいて選択してもらうことになる。そして，何より大きな特徴は，このプレゼミナールを，高校2年生，あるいはAO入試は受験しないがお茶大に興味がありプレゼミナールのみに参加したいという高校3年生にもオープンにした点である。し

たがって各セミナー会場には，AO入試受験者と受講者が混在することになる。この点は，検討段階でも現在でもいまだに強い批判があるところ（入試の場に受験しない高校生が入るというのはなにごとか）であるが，敢えて受験者以外をも広く受け入れて実施することにした。それは，プレゼミナールを単なる入試の場とは考えずに，参加者にお茶大の気風，そしてなにより大学の学問世界の面白さ・多様さ，高校での学びとの違い，等を受験者・受講者に直接体験してもらう機会とすることを強く志向したからである。そういう意味で，プレゼミナールは入試という場を積極的に活用した「高大接続」の試みでもある。

セミナーを担当する教員とは事前に説明の機会を設定し，新入試の狙い，どのようなセミナーをしてほしいかを説明し，調整する。こうしたきめの細かい対応を実施運営側でも重ねることが必要である。とくに，導入当初は2コマ連続のただ受け身の講義形式ではなく，午前中は講義，午後はディスカッションやグループワークなどを中心にした，双方向の対話を志向したいわゆる演習型・参加型の授業にしてほしいことを要請した。アクティブラーニングの要素を積極的に取り入れて，受験者・受講者に自ら深く考える場を提供し，自分が大学で本当になにを学びたいのかといった将来へのヴィジョンを明確にし，貴重な大学生活を過ごす場として本学が本当に適切なのか（お茶大でいいのか）を判断する機会となるように設計されている。一般に入試というものは，大学（実施側）が一方的に受験生を選抜するものと見なされがちであるが，この新入試では（多分に理想論ではあるが），受験生の側もまた大学を「選ぶ」機会にしてもらおうと考えた。

ただし，アクティブラーニングの積極的な導入については，学問分野によっては難しい問題を孕んでいる。筆者の専門分野は実は西洋史学（フランス近世史）であるが，歴史学などはまさにアクティブラーニングに親和性のない分野だと考えている。例えばフランス革命の発火点とされるバスティーユ襲撃事件がなぜ起こったのか，その原因をいくら突き詰めて討論したとしても，そして有力な仮説を導き出せたとしても，それを実証する術はない（ある要因を変えてみて実際にバスティーユ襲撃が起こらない，ということを実験しようがない。当然ながらどんなに議論を尽くそうとも，過去は変えられないのである）。では歴史学はただ過去の出来事をひたすら調べて覚えるだけの退屈な学問なのかといえば，それはまたまったく違うのであり，工夫次第でアクティブラーニング的な授業展開も十分可能である。とはいえ，やはりアクティブラーニングの手法を織り込むことに向いた分野とそうではない分野（得手不得手）があるのであり，結局アクティブラーニングになじまない分野においては，必ずしもグループワーク，ディスカッションなどを取り入れなくてもよいという方向に転換した。

プレゼミナールは，受験生以外の参加者は２コマの授業を終えれば受講者アンケートを書いてもらって終了となるが，受験者にはセミナー終了後会場に残って授業内容に関する簡単なレポートを書いてもらう（初期２年は30分，３年目からは60分，一部学外を除く）。第１次選考ではこのレポートと，出願時の志望理由書（1,200字），活動報告書（受賞歴，研究活動，生徒会やクラブ活動，海外経験，ボランティア経験等），英語民間試験の級・スコア，などを総合的に評価し，第１次選考の合否判定を行う。

また主として高校２年生をターゲットに，情報の集め方，レポートのまとめ方を学び図書館入試の模擬体験ができる図書館情報検索演習や，理学部生物学科が主催する自主課題研究ポスター発表や自主課題研究の相談会といったオリジナルのメニューを用意して，受講者が今後の学びに資する経験を得られるようにした。これらの受験生が参加しない企画には高校教員も参観可能として，広く高校教育への波及効果をも狙った。

## ３．新フンボルト入試の制度概要（Ⅱ）―図書館入試・実験室入試

第１次選考を突破した受験者には第２次選考として，文系は図書館入試，理系は実験室入試というユニークな入試を課す（実施時期は10月中旬の週末，図書館入試は２日間，実験室入試は土曜１日のみ）。とくに図書館入試は，さまざまな新機軸を盛り込んで，参加者にとって貴重な経験の機会とする。図書館入試では，本学附属図書館を試験会場として，まず最初に図書館の利用法，情報や文献の集め方，レポートの書き方といった基礎をレクチャーし（附属図書館スタッフが担当，30分程度），受験生に１台ずつノートパソコンを貸与し，そのうえで，図書館所蔵の文献や資料をなんでも自由に利用して，与えられたテーマについてのレポートを執筆させる。レポートは，ノートPC（Word）で作成してもよいし，手書きでもよいとした（両者に評価の優

劣はなく，得意な方で作成するように指示した。ただこれまでのところ受験者の95％以上がWordでの執筆を選択している）。試験時間は，令和2年度（2020年度）までは6時間であった。なお，受験者には昼食を持参してもらい，これもある程度自由に自分のタイミングで食べてもらう。また，あれこれと茶菓を用意し，これらも好きなときに自由に使ってよいとし，可能なかぎり受験者の体調維持に留意した。

レポートのテーマは，「言語の持つ力について自由に論じなさい」，「動物と人間との関わりについて論じなさい」，「『役に立たないこと／もの』が存在することの意味について論じなさい」などである。一見して分かるように，容易に回答が出るものでもないし，唯一の正解を導き出すものではない。受験者には最初の説明時に，「今からやってもらうのは，よーいドンで図書館の書棚から正解を見つけ出す，宝探しゲームではない。そうではなくて，与えられたテーマについて自分はどう考えるか，何を題材として論じるか，まず戦略を立てて，そのうえで必要，有益な資料やデータを探して利用しなさい」ということを縷々説明してから試験を始めるのである。

また図書館入試2日目は，グループ討論と個別面接を課す。グループ討論では，発信力や他者との協働性などを見る。また個別面接では，前日のレポートを掘り下げるような問い，さらには本学の志望動機，入学後や将来のヴィジョンなど，広範に質疑を行う。こうした一連の課題を通じて得られた評価をもとに，総合的に判断して最終的合否を決定する。

一方，理系志望者には各学科の学問の特性に応じて，学科毎に課題を設定した「実験室入試」に挑ませる。学科毎の特徴を述べるだけの紙幅がないので詳細は他稿に譲るが，大きな特徴の1つとして，一部の学科（導入当初は生物学科，食物栄養学科，人間・環境科学科の3学科，現在は2学科）では高校での自主課題研究のポスター発表，引き続いての質疑応答，を選考の中核に据えている。スーパーサイエンスハイスクール（SSH）などで行われている高校での自主課題研究活動の成果をそのまま持ってきてください，というスタンスである。図書館入試にしろ実験室入試にしろ，要するに大学での研究生活に不可欠の資質（自ら課題を発見する力，持続的に探究していく力）が備わっているかどうかを判定する入試となっている。そして，受験生はこの入試に挑むことで合否にかかわらず自身の今後の学びになにがしかの意義を持つような入試となるように設計されているのである。

ちなみにこのような図書館入試・実験室入試のネーミングは，やはりフンボルトの思想に由来がある。フンボルトは，大学のなかで研究が営まれ，学問知が生まれ出ずる場所が，文系では文献や資料を備えたゼミナール（教室）であり，理系なら実験室であると論じている。前者については，資料や研究書を集約した知の集積処という意味から，本入試制度では「図書館」と読み替えた。一方，「実験室」の名称は試薬や試験管を使った本当の実験を入試で課すように誤解されがちであるが，この「実験室」はあくまで理系の学問的真理が産み出される場という意味である（一部の学科は，実際に実験を試験課題のなかに取り入れてくれているが，すべての学科というわけではない）。

## 4．新フンボルト入試の制度概要（Ⅲ）―入念な入学前教育制度

新フンボルト入試の最終結果は，第 2 次選考の約 1 週間後には発表される。残念ながら合格に至らなかった受験生が，できるだけ早く次のステップに踏み出してほしいと願うからである。一方，AO 合格者に対しては発表後早急に合格者研修会を開催し，入学までの約半年間を有益で充実した時間としてもらうように指導する。AO 合格者は，9 月のプレゼミナール，10月の第 2 次選考，そして研修会と 3 ヵ月連続で来学してもらうことになるが，この半年の過ごし方はきわめて重要であり敢えて対面実施にこだわった。実際に毎年ほとんどの合格者が参集してくれた。また本学の大学祭である徽音祭と日程を重ねて実施し，一足先の大学生気分を味わってもらうように日程調整をした。まず合格者には上級生（年度が進むにつれて，新フンボルト入試の合格者が担当）をチューターとして配置し（顔合わせを実施），さまざまな質問や相談にきめ細かく応えられる体制を構築した。そして彼女たちのサポートの下で入学前教育（e-learning による英語自主学習，推薦図書の講読など）をシームレスに実施した（高校での学習を阻害しない範囲で，個々人の事情や特性に応じながら，を心がけた）。入学したのちは本学の学士課程教育システム（21世紀型文理融合リベラルアーツ等）へと無理なく接続できるように図った。また入学後の追跡調査やフォローアップも実施し，不定期ながら AO 合格者との会合を設定して学生生活についてのヒアリングを行っている。

◆◇◆

## 第３節　新フンボルト入試の実施状況と成果

### １．導入までの準備と試行錯誤

前節で紹介したような新フンボルト入試のしくみは，一朝一夕に完成したものではなく，多くの試行錯誤，失敗を繰り返した後にようやく組み上げられたものである。本節では，その導入までの準備段階，そして本格導入以降の実施状況についてまとめておきたい。

新フンボルト入試の設計は，文科省の専門委員会のヒアリングを経て平成26年（2014年）８月下旬にAP事業に採択されてから本格的にスタートした。もちろん公募段階で基本的な骨格は練り上げていたわけだが，前述の通り公募締切まで時間がなく，学内への周知や意見聴取，合意形成の機会も十分に取れず，入試課および入試推進室所属の教職員，とりわけ当時の教育担当理事（耳塚寛明教授）と筆者が主体となって組み立てたものであった。したがって，「万機公論に決」したとはまったくいえないのであり，「有司専制」で事を進めざるを得なかった。そして採択が現実のものとなったときに，あらためて本格的に学内への協力依頼，制度の細部の詰めを行うことになった。９月の学部教授会の際に，各学部で10分程度の時間を割いてもらい，AP事業の概要説明と協力のお願いをして回ったときの，困惑したまた冷ややかな雰囲気を今でも思い出す。逆に教員側からすれば，採択されたから全面的に協力しましょう，という気になれなかったのも無理はない（筆者自身がそちらの立場に立てば，同じような反応を示したであろう）。このボタンの掛け違いは今日にいたるまで禍根を残すこととなった。また，新入試は本学の将来にとって重要であり，これを維持していくには若手の教員を巻き込むことが不可欠であるとの判断で，若手中心に人選したAO入試のワーキンググループを創設したが，異論や疑念ばかり噴出して無残な失敗に終わった。今の国立大学ではいずこも同じで若手教員といえども研究・教育そして校務に日々追われて余裕がなく，新規事業の立ち上げにはなべてネガティブ，冷淡であった。結局学部長を巻き込むかたちで調整や折衝を重ねることになる。この経験からいえることは，大学入試というものは，それぞれの募集母体（本学でいえば学科）が長年ボトムアップで培ってきた仕組みであり，これをトップダウン方式で改革することがいかに困難であるか，ということである。AP 事業の公募テーマのなかで，アクティブラーニングや学習の可視化といった部門に応募した大学が圧倒的に多かったのに比して（応募件数は250校），テーマⅢの入試改革へのアプライはわずか 8 校（応募枠が 8 校なのに），採択されたのは 3 大学に留まることが，入試改革の難しさを如実に表しているように思われる。折しも学長の改選とともに執行部が交替したため，本事業計画に携わってきたのが筆者のみとなったことも，困難の一因となった。この時期は，まさに四面楚歌，騅のゆかざるを奈何すべき，という気分であった。

また，初期設計段階でのもっとも大きな蹉跌は，実験室入試の大幅な内容変更を余儀なくされた点である。採択時の構想では，文系の図書館入試と同様に，理系の実験室入試は，第 2 次選考受験者全員にいくつかの共通課題を課す（その一部に実際の実験を入れる）ことを想定していた。この方法は，すでに10年以上前から実施され，魅力的で大きな成果を出している東京工業大学のサマーチャレンジを大いに参考にさせてもらった。東工大では 2 泊 3 日の合宿形式で，いくつもの課題を用意して高校生に挑ませている。この小型版を新 AO 入試の理系の柱にしようと考えていたのだが，これには理系教員からの強い反論で断念にいたった。理系では，あれこれ複数の課題を出して総合評価をしてはむしろ受験生の「尖った」能力を埋没させてしまうことになる。例えば物理学科では，生物や化学にいかに造詣が深くとも，肝心の物理に関する学力，資質を持っていなければ受け入れられない，ということである。これはこれでまことにもっともな見解であり，新 AO 入試が「尖った」才能を評価するのであれば，当該学科毎に必要不可欠な能力・資質を評価するための選考方法を工夫して各々で課すという方向へ軌道修正した。結果として実験室入試は，準備や運営のために各学科とも実質総動員体制で行われることとなったのである。

さて，AP 事業は新 AO 入試の全面改革であるから，受験生に対する 2 年前予告の原則を取ることになる。したがって新フンボルト入試の導入は早くて平成28年（2016年）からとなるわけで，そういう意味では準備にかなり時間をかけることができたことは幸いであった。AP 事業採択後直ちに本事業を主務として担当する特任講師の公募を開始し，外部審査委員会の委員を委嘱し（大学入試関係有識者２名と高校長・教育委員経験者など高校教育有識者３名で構成），前述のワーキンググループの挫折や方々からの批判に対処しながら当初計画に従って準備を進めていった。そのなかで主なものを３つだけ挙げておきたい。

第一は，平成27年（2015年）に行ったプレゼミナールの先行実施（試行）である。すでに述べたような，大学の学問世界を垣間見てもらい，受験生以外も参加可能なプレゼミナールを開催した場合，果たしてどれくらいの高校生が興味を持ち，これに挑んでくれるかという問題（不安）があった。また運営のノウハウを掴むためにも，入試とは関係のないかたちでプレゼミナールのみを実施することとした。時期は夏休み期間の平成27年（2015年）８月23，24日（平日）に設定した。文理ともに多くのセミナーを立て，翌年以降のプログラムを実際に組んで広報を開始し，参加者を募った。その結果，高校２年生を中心に261名の参加を得ることができた。エントリー方法や実際のセミナーの運営など貴重な経験を積むことができたと同時に，翌年の本格導入の効果的な宣伝ともなった。

第二は，学内でも否定的意見の強かった英語民間試験の利用方法について，約300高校へのアンケート調査を行い，約半数の回答を得て分析を進めた。文科省からの要請もあって，６種類の英語民間試験を本学の AO 入試での評価対象とすることを決定した。また国際バカロレア有資格者についてもアドバンテージを与えることとした。ただし，アンケート結果からは高校によって対応が大きく分かれている現状があらわとなっており，目的の違う複数の試験を一律に評価する基準策定は難しく，結果として６種のいずれかの級・スコアの提出を求めるのみ（一定水準以上の成績を求めない）に留めた。

第三は，新 AO 入試の本格導入に先だって，平成28年（2016年）６月に学部１年生33名の参加をえて実施した文系図書館入試のシミュレーションである。図書館入試を導入するに際して，本番とまったく同様条件下での試験運用，ノート PC の設置・運用，作成されたレポートの評価方法など，事前に試してみて問題を析出しておくべきポイントは多数存在した。このシミュレーションの胆は，入学したての１年生に参加を依頼した点である。彼女たちは３ヵ月前までは高校生であり，また期末レポート作成の経験を経ていない。実際の AO 受験者とメンタリティや経験の面での共通性を見込んで１年生から参加者を募った。また完成したレポートを実際にAO入試担当教員が採点して，どのような評価方法を採るべきかを実地に検討した。こうして集積された知見は新フンボルト運営の基盤となっている。

それ以外にもプレゼミナールのパンフレットおよび学生募集要項の作成と高校への送付，新フンボルト入試広報ビデオの作成，学部オープンキャンパスでの新入試の説明・宣伝，特設AO入試質問コーナーや広報ビデオ上映会場の開設など，新入試の広報にも尽力した。こうした入念な準備を経て，平成28年度（2016年度）より新フンボルト入試を本格的に導入したのである。

## 2．新フンボルト入試の実施状況

新フンボルト入試は，非受験者の参加も可能，プレゼミナールにもセミナー以外の多彩なメニューを設けるなど，非常に手の込んだ構造となっている。何より受験生には第1次選考と第2次選考の2回も本学に来てもらわなければならない。したがって設計当初から，受験生にも負担の大きなこの入試を果たして受けてくれる人がいるのかという強い懸念があった。どんなに素晴らしい店を開いても，客が来ないのでは話にならない。とくに初年度である平成28年（2016年）については，受験生や受講生の動向はまったく読めず，8月の受講エントリー開始を固唾を呑んで待ち受けた。ところがエントリー初日には文理合わせて75名（うちAO受験者は42名）がエントリーし，その後も順調に人数は増えていった。8月いっぱいをプレゼミナールのエントリー期間としたが（AO入試出願期間は月末の5日間），結局エントリーの波は途切れず，終盤むしろ駆け込みでさらに増えて最終的にはプレゼミナール受講申込者は358名となった（うち新フンボルト受験者は198名，非AO受験者は160名）。定員20名に対し，198名もの出願（受験倍率は約10倍）があったことは，もっとも楽観的な予想をも遙かに上回るものであった。また，高校2年生の受講希望者が，受験者と同数程度も得られたことにも安堵した。以後4年間のプレゼミナール参加者および新フンボルト入試の出願者について簡略にまとめたものが表6－1である[5]。

初年度の受験者／受講者の動向は以後4年間，ほぼ変わらず高水準で維持

5　入試の実施状況，毎年のプレゼミナールパンフレット，学生募集要項などは，お茶大HPの入試情報を参照のこと。https://www.ao.ocha.ac.jp/index.html.

表6-1．プレゼミナール参加状況

| 年度 | 2015 | 2016 | 2017 | 2018 | 2019 |
|---|---|---|---|---|---|
| プレゼミナール初日参加者数 | 261（試行） | 358 | 382 | 364 | 454 |
| 出願者数 | （64） | 198 | 192 | 177 | 222 |
| うち文系出願者 | — | 113 | 118 | 120 | 151 |
| うち理系出願者 | — | 85 | 74 | 57 | 71 |
| 第一次選考合格者数 | — | 83 | 75 | 80 | 83 |
| 第二次選考合格者数 | （6） | 20 | 21 | 23 | 23 |

平成27年度（2015年度）はプレゼミナールのみを先行実施。同年のAO入試出願者等は旧制度による実施（定員10名）。平成28年度（2016年度）から新フンボルト入試を実施。

されている。2年目はやや減って出願者は192名，3年目はさらに減って177名となった。一般に新しい入試制度を導入した場合，初年度こそ多くの受験者が殺到するが，翌年にはガクンと減る，という傾向が見られる（お茶大の旧AOも同様の傾向であった）。これに対して新フンボルト入試は，漸減傾向とはいえ変わらず受験倍率8～9倍という高水準を維持している。さらに，2年目の非AO受験者は190名，3年目も非AO受験者187名とAO受験者よりも多くなっている。プレゼミナールだけでも受講する価値があるという判断が高校生の側にあるものと考えている。さらに予想外だったのは，理由は定かではないけれども導入4年目（令和元年度（2019年度））にしてAO受験者（222名）／非AO受験者（232名）ともに増加に転じて，プレゼミナールとして過去最高の参加者（454名）を得たことである。高倍率（当然ながら，出願者のうち9割は残念ながら不合格になるのである）にもかかわらずこれだけ多くの出願者を得ていることは，この入試が単純な合否を超えた部分で高校生を惹きつけていること，高校生にとって「チャレンジするに足る」入試と考えてもらえていることの顕れではないだろうか。この点は外部評価委員からも，「新フンボルト入試がしっかりとテイクオフした」のだと高く評価された。

また，プレゼミナールでは，試行を含めたすべてのプレゼミナール受講者および図書館入試受験者に対して，悉皆的なアンケート調査を実施してきた。このアンケートでは，プレゼミナールのセミナーについて「満足した」，「今後の学修に有意義なものだった」という回答が圧倒的多数を占めており（肯定的評価の回答が，5年間すべてにわたって98%以上），受講者に提供しているセミナー内容の充実，質的な高さ（質保証）を如実に示すものと考える。

もう1つ特筆すべき現象は，本入試で不合格となった多数の受験者のうち

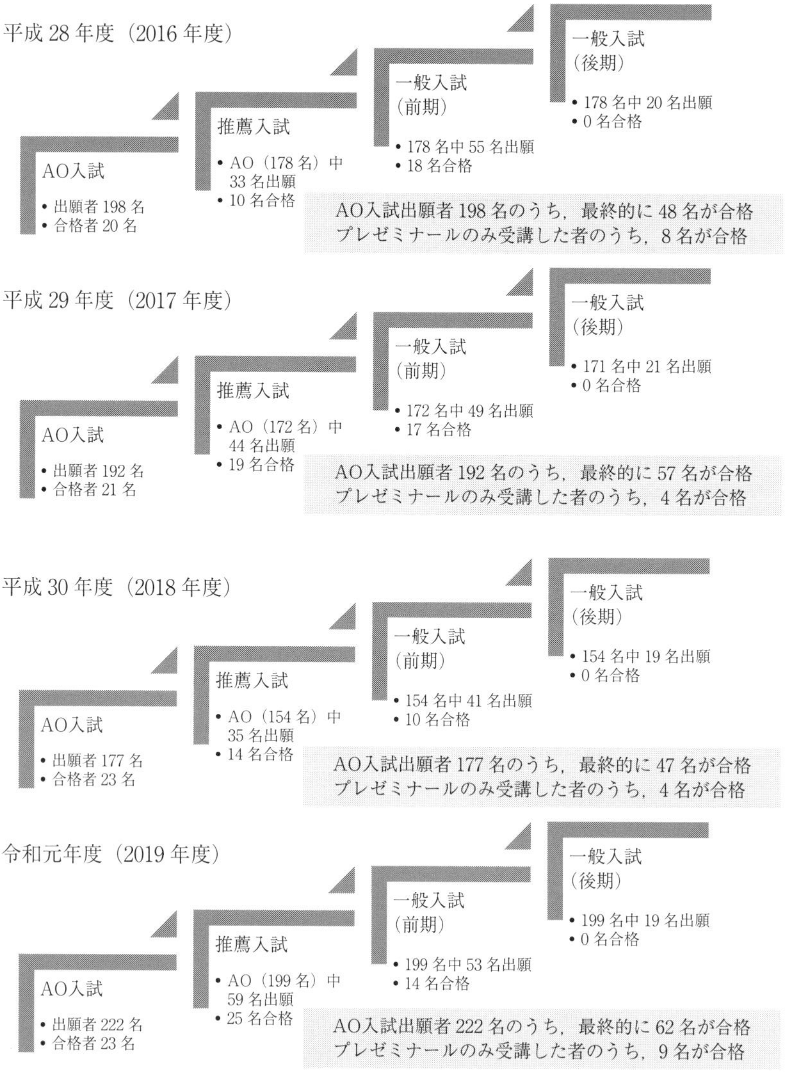


図6－2．AO出願と推薦入試・一般入試出願との相関関係

の相当数が，推薦入試や一般入試など本学の他の入試に再チャレンジし，そのかなりの部分が最終的に本学に入学を果たしている点である（図６－２を参照のこと）。例えば令和元年度（2019年度）実施の新フンボルト入試では出願者222名中23名が合格したが，不合格となった199名のうち，推薦入試で25名，一般入試（前期日程）で14名が合格している。最終的に出願した222名中62名（おおよそ４人に１人）が新フンボルト入試（プレゼミナール）を経験した上で入学しているのであり，これは当該年度全入学者464名の13%に当たる（なおプレゼミナールのみ受講し，他の入試で合格した者も９名にのぼる）。

以上のような実施状況から，新フンボルト入試が，蓄えた知識の多寡ではなく，その知識の応用力・活用力を問う入試として「多面的，総合的に評価・判定する大学入学者選抜へ転換」する入試，「挑むに値する」入試のモデルケースとして，高校生からも評価されてきたものといえるであろう。

◆◇◆

## 第４節　新フンボルト入試の課題と展望

ここまで新フンボルト入試の設計過程，および導入してからの４年間の実施状況について概観してきた。本節では，これらをふまえてあらためて新フンボルト入試の抱える問題点と今後の課題，そして新しい入試制度を創るとはどういうことであるか，大学入試学という観点から検討してみたい。

本事業のスタート当初から，新フンボルト入試を補助金が切れたあとも継続的に実施運営するための人的物的（財政的）負担の大きさが懸念されてきた。ただし性急かつ単純な効率化・業務の軽減（縮小）は，これまで述べてきたユニークなこの入試制度の根本理念を毀損する恐れがあり，角を矯めて牛を殺すことのないよう慎重に配慮した上で，制度の改善・事業終了後を見据えた負担軽減策を講じる必要がある。まず令和元年度（2019年度）のプレゼミナールは，従来２日間であったものを１日に凝縮・完結させて実施した。また令和２年度（2020年度）からは補助金なしで，すべての経費を本学自前の財源から支出していくことになる。一方，理系の選考方法については大幅に見直し，AO入試と推薦入試を統合して運用し，第１次選考からプレゼミナール受講必須の要件を外して書面審査のみとし，さらに定員を拡大して実施することとした（新フンボルト入試の定員は20名から36名に拡大）。また2020年度よりインターネット出願を導入し，文系図書館入試はプレゼミナールのセミナー数を増やすなど拡充して実施している。新入試の実務を支える特任講師（任期制）を本学の基盤財源から雇用し，新フンボルト入試の運営上必要な経費も本学財源から措置することで，今後も継続的安定的な運用ができるように十全な対応を取った。全般状況はかくのごとしであるが，それでも課題は多い。以下具体的に挙げよう。

## 1．“ヒト”の問題―人は石垣，人は城

新フンボルト入試はどうしても手間暇をかけることが必要な部分がある。それに比して人的資源は乏しい。小規模大学である本学にとっては，入試に限らず本質的に抱えている解決不能の問題であり，あらゆる改革の足枷となる。なんといってもテニュアをもつ教員が全学で180名しかいないのであり（国立法人化前では約230名，一学部分そっくり教員が削減された勘定になる），事務職員も約100名しかおらず，そのうち入試課職員は課長を含めてもわずか常勤職員５名に過ぎない。一方，入試推進室長や入試委員（各学部２名ずつの選出）は通常は任期２年で交替する。このわずか数人の入試担当教員と入試課スタッフで，新フンボルト入試や大学院入試まですべての入試を取り仕切るのだから激務である。したがって入試委員は通常再任されない（筆者が室長を５年間務めたのは例外中の例外）。となれば，委員が交替していくなかで，どうしても個々の作業のルーティン化を招くことになり，理念や狙い，志などは薄れていかざるを得ない。

また現執行部の判断により入試担当（主務は新フンボルト入試）の特任講師が確保されたとはいえ，大規模大学が持っているような入試センターを構築するにはどう考えても絶対的な頭数が足りない。入試には10年，20年先を見据えた長期戦略が不可欠であり，また任期付ということは，自身が次を考えなければならないわけで，腰を据えた入試の定点分析をやってもらうにはあまり適さない。実際にAP事業の５年半のうち，この経費で採用した特任講師・助教は４名に上る。しかも退任後すぐに後任教員が採用できるわけではなく，４回の人事のうち適任者が得られず再公募となったことも２回ある。

したがって，5年半のうち実に9ヵ月間はAO担当講師不在であった（筆者や入試委員が肩代わりして凌いだ）。したがって平均在職期間は1年ということであり，有能な人材が採れれば採れるほど，次の就職先が早々と見つかって異動してしまう。文科省のヒアリングの際に，若手の研究者に新入試の膨大な運営実務を負わせて（しかも薄給で）使い潰してしまう気か，と叱責されたが，使い潰されそうになったのはむしろ常勤教員（筆者）の方であった。要するに，大学入試学を担っていくような人材の育成・輩出システムが実際に確立していないのであり，稀少な一握りの人材を巡って各大学の入試部門間での争奪戦になっているのである。入試制度そのものを研究対象とし，しかも入試実務に従事したことがあるような人材は実際には希有なのであり，大学入試学の担い手を育てる仕組みが必要であろう。

## 2．“カネ”のこと―恒産なくして恒心なし

AP事業は後継事業の公募もなく終了した。したがって，これまで年ベースで1,200万円以上（最終年度は700万円弱に減額されたが）の予算がなくなったわけであり，今後新フンボルト入試を継続するため（受験者・受講者のエントリー状況からして金がないからやめる，という選択肢はあり得ない）には，すべてを本学自前の財源で手当てしなければならない。現入試担当理事・副学長の理解と調整のおかげで，特任講師を初め最低限の予算が確保され，令和2年度（2020年度）の入試は滞りなく終わったが，それでもあらゆる経費が削られ，とくに人件費・謝金に充てられるものがほんのわずかとなってしまった。これはプレゼミナールの各セミナーのティーチングアシスタントや第2次選考の補助業務，さらには合格者につけるチューターに謝金を出せないということを意味しており，こうした在学生に支えられてきた新フンボルト入試にとっては大きな痛手である。受験生も受講者も，プレゼミナールなどで身近に在学生と接して，自らのロールモデルをそこに見出していると思われ，そうした機会が失われるのは非常に好ましくない。

## 3．“テマ”のこと―粉骨砕身，自ずと限りあり

繰り返すが，新フンボルト入試は手間のかかる入試である。しかも入試の運営において学務課や企画戦略課広報担当，そして入試の舞台となる附属図

書館との事前交渉，調整は不可欠であり，プレゼミナールのセミナー担当者との打ち合わせ，そして入試運営を司るAO入試専門部会の会議を何度も開催しなければならない。またプレゼミナールの受講者数が予想を超えて多いことは，喜ばしいことではあるものの実施運営側には，非常に困難なオペレーションが生ずる。とくに受講者の多い文系セミナーは一応30人を定員としているが，実際には遥かに超過した人数を引き受けて授業をやってもらうしかない場合が生じる。また，こちらの思惑通りにいくことはなく，大抵人気が偏り50人以上を受け入れてもらったケースもある。小人数教育を謳うお茶大のプレゼミナールで，こんな大人数講義を行うのは好ましくない状況であり，アクティブラーニングの手法を用いることも困難になる。一方で定員割れしたセミナーも生じる。毎年この凹凸をできるだけ均整に調整するのだが，入試である以上受験者のセミナー希望（願書にも書かせる）をこっちが空いていますよ，と変更させるわけにもいかず，結局は非AO受験者を中心に声をかけ，他の収容人員に余裕のあるセミナーに誘導していく。それでもバランスが取れず，急遽第6セミナーを立てて，そこに非AO受験者を大挙誘導しなんとかバランスを取った年が実は2回もある。こうした綱渡りのような運用を毎回行わねばならないのはかなり厳しい。

また付随して述べると，制度設計段階から，このプレゼミナールのバックアップ体制をどうとるのか，解決されない問題として積み残してきている。もしセミナー担当者がなんらかの理由で当日登校できないとき，どうするか。もちろんAO入試専門部会員の教員を初めとして，いざというときにはピンチヒッターとしてセミナーに登壇することは想定しており，筆者自身もいざというときは授業を担当する心づもりでいたが，入試という枠組みのなかでこのやり方が受験生から許容されるかどうか，甚だ心許ない。したがって，セミナー担当者との打ち合わせの際，まずお願いするのは「プレゼミ当日，倒れないでください。必ず大学にお越しください」ということである。その他，薄氷を踏むがごとき部分が実際には多数あるのである。外部評価委員のお1人から，「人で保つ制度は永続きしないよ」と指摘されたが，まことに的を射た至言というべきであろう。筆者を初めとして，「余人を以て替えがたい」状況は，某組織委員会会長人事を見ても明らかなように弊害の方が大きく，避けるべきなのである。

以上，ヒト，カネ，テマというポイントから問題点を挙げてみたが，それ以外にも論ずべき点は多数ある。入試広報の問題（脆弱さ）や，入試業務の切り分け，大学組織間の協働体制の課題，そして何より入試の質の分析手法（入学者の追跡調査・評価方法，出願者や受講者の質量両面の分析，等々）についても論じるべきであるが，紙幅が尽きたので，これらについては別稿に譲りたい。このようなお茶大の入試構築の試みから，なんらかの教訓（反面教師としてでも結構）を汲み出していただければ幸いである。

この春，新フンボルト入試一期生が卒業することになる。彼女たちについての十全かつ総合的な評価はまだ道半ばであるが，幾人か身近にいる彼女たちを見ていると，実に楽しそうにお茶大生活を送っている。彼女たちが本学で身につけたものを糧に，社会のなかでいかなる活躍を見せてくれるのか，に期待しつつ，この稿を閉じることとする。

## 文　献


フィヒテ　梅根 悟（訳）(1970)．ベルリンに創立予定の，科学アカデミーと緊密に結びついた，高等教授施設の演繹的プラン　梅根 悟・勝田 守一（監修）　大学の理念と構想　明治図書出版

潮木 守一 (2008)．フンボルト理念の終焉？――現代大学の新次元――　東信堂

ウィルヘルム・フンボルト　梅根 悟（訳）(1970)．ベルリン高等学問施設の内的ならびに外的組織の理念　梅根 悟・勝田 守一（監修）　大学の理念と構想　明治図書出版

# 第3部

# 高校教育と入試改革

第7章

# 高大接続改革に対する高校現場の受け止めと今後への期待[1]

杉山　剛士

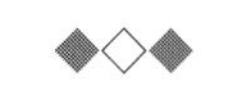

## 第１節　はじめに

高大接続改革は高校教育と大学教育と大学入学者選抜を一体的に改革するという意味合いで，平成24年（2012年）の中央教育審議会（中教審）諮問以来，使われてきた言葉である。教育現場ではともすると，大学教育の問題は，例えば低学力で入学させる高校教育に責めがあると負わせ，高校教育の問題は，例えば知識注入の一方向的な授業形式にせざるをえないのは大学入試に責めがあるというように，他に責任転嫁をする傾向があったと思う。そうではなくて，高校教育と大学教育と大学入試を１つの理念に沿って，一体的に改革しようとするのが高大接続改革であった。文部科学省（以下，文科省）内でも初等中等教育局と高等教育局の枠を払い，一同に議論をするという気概に満ちていた。

高大接続改革の高い旗が掲げられる一方で，注目を集めるのは大学入試改革であった。しかしながら，後述するように，ここ数年の大学入試改革は混迷し，学校現場に大きな影響をもたらすことになった。

筆者は，この間，地方教育委員会で教育行政に当たるとともに，公立高校の校長さらに私立高校の校長を務めた。また，全国高等学校長協会（以下，全国高校長会）の理事として，公立私立を問わず，日本全国の校長から話を伺う様々な機会があった。そうした経験を踏まえ，この間の高大接続改革と

1　本稿は，第32回東北大学高等教育フォーラム「大学入試を設計する――『大学入試研究』の必要性とその役割――」（令和２年（2020年）９月23日）において，現状報告３「『高大接続改革』に対する高校現場の受け止めと今後の期待」として発表した内容を加筆修正したものである。

りわけ大学入試改革に対する高校現場の率直な受け止めと混迷をもたらした要因について，同時代に校長職を務めた者の一考察として述べたい。

◆◇◆

## 第２節　高大接続改革の検討史

考察の前提として，この間の高大接続改革の検討史をまとめたものが表７－１である。

平成24年（2012年）に中教審になされたときの諮問は「大学入学者選抜の改善をはじめとする高等学校教育と大学教育の円滑な接続と連携の強化のための方策について」とあるように，まずは大学入試において，特に低学力のまま大学に入学してくる学生をどうするかという課題意識が強かった。

その後，政権交代があり，政府直属の教育再生実行会議（以下，実行会

表７－１．高大接続改革の検討史

| | |
|---|---|
| 平成24年（2012年）8月28日 | 中央教育審議会へ諮問「大学入学者選抜の改善をはじめとする高等学校教育の円滑な接続と連携の強化のための方策について」 |
| 平成25年（2013年）10月31日 | 教育再生実行会議第四次提言「高等学校教育と大学教育との接続・大学入学者選抜の在り方について」 |
| 平成26年（2014年）12月22日 | 中央教育審議会答申「新しい時代にふさわしい高大接続の実現に向けた高等学校教育，大学教育，大学入学者選抜の一体的改革について」 |
| 平成28年（2016年）3月31日 | 文部科学省「高大接続システム改革会議最終報告」 |
| 平成29年（2017年）7月13日 | 文部科学省「高大接続改革の実施方針等の策定」 |
| 令和元年（2019年）11月1日 | 文部科学大臣「英語民間検定試験導入見送り表明」 |
| 令和元年（2019年）12月7日 | 文部科学大臣「記述式導入見送り表明」 |
| 令和元年（2019年）12月27日 | 文部科学省「大学入試のあり方に関する検討会議」設置 |
| 令和2年（2020年）8月7日 | 文部科学省「JAPAN e-Portfolio」運営許可取り消し |

議）が立ち上がり，高大接続の言葉が前面に出てくる。平成25年（2013年），実行会議は第四次提言「高等学校教育と大学教育との接続・大学入学者選抜の在り方について」を出す。その提言を改めて受ける形で，すでに諮問がされていた中教審から平成26年（2014年）に「新しい時代にふさわしい高大接続の実現に向けた高等学校教育，大学教育，大学入学者選抜の一体的改革について」の答申が出される。

注目を集める大学入試の部分については，実行会議では新たな「達成度テスト（発展レベル）」として，「試験として課す教科・科目を勘案し，複数回挑戦を可能とする」という提言が示され，中教審答申では，従来の教科型試験に加え，「合教科型・科目型，総合型の問題を出題し，年複数回実施をする」とさらに踏み込んだ方向性が打ち出された。

ただ，その後，高校・大学の現場関係者も加わった高大接続システム改革会議（システム改革会議）では，現実的な制度設計が議論される。合教科型入試や複数回実施の文言は消え，いわばトーンダウンした形で，平成28年（2016年）３月に最終報告が出された。

その後，今度は非公開による文科省内での検討が進み，システム改革会議の最終報告から１年半後の平成29年（2017年）７月に，文科省から「高大接続改革の実施方針等の策定」が示された。システム改革会議では「民間の資格・検定試験の知見の積極的な活用の在り方なども含め検討する必要がある」と婉曲的に表現されていた英語民間試験については，一転して積極的な導入が示され，正直驚いたことを覚えている。

また，記述式については，当時はその実施時期が焦点になっており，「記述式のみ前倒しする」という考えが出ていたが，現状の実施時期と変えないという結論になり，ほっとした記憶がある。

英語民間試験の大学入学共通テストへの導入については，当初から様々な懸念が示されていたが，その懸念が十分に解消されないまま準備が進められていった。実施方針の策定から２年あまり，このまま強行突破すると思われていたが，事態は急転直下する。

令和元年（2019年）11月１日，この日は大学入試センターに，次年度から行う英語民間試験のための共通 ID を送付する，まさに初日であった。その日の午前中，文部科学大臣から突然の英語民間試験導入の見送り表明がされた。さらに翌月の12月７日には，記述式導入も見送りとなった。各方面からの様々な批判を受け，12月27日には，この間の政策決定の流れを検証するとともに，記述式や英語民間試験の今後の扱いについて検討する大学入試のあり方に関する検討会議（以下，あり方検討会議）が急きょ設置され，公開の場での議論が始まった。

さらに，新しい大学入試が始まろうとする直前の令和２年（2020年）８月７日，これまで主体性評価を目指して取り組んできた「JAPAN e-Portfolio」の運営許可取り消しが突然になされた。

筆者は，高校現場で40年近く携わってきたが，国をあげての改革がこれほど揺れたのは初めてである。まさに未曾有の大混乱であった。

## 第３節　高校現場の受け止め

こうした状況に対して，高校現場の受け止めはどうだったのか。英語民間試験の導入見送りを例に，引用が長くなるが当日の報道をもとに学校現場の混乱ぶりについて触れておきたい。

11月１日の朝，筆者にNHKから電話取材があり，コメントを求められた。そこで発信されたネットニュースは以下のとおりである[2]。

「東京練馬区にある私立武蔵高校の杉山剛士校長は『今さら延期することで生まれる不安もあると思うが，教育現場では都内の進学校ですら不安や疑問が広がっていた。保護者会でも質問の嵐ですでに大混乱の序章が始まっていた中で延期されたことは現場としては評価したい』と話しました。その上で，『英語の４技能を高めようということに異論はないが，50万人の受験生が受ける国家的なテストに民間試験を活用するということにそもそも無理があった。地域格差や経済格差といった根源的な課題が解決されないまま実施ありきで進んできたことが大きな問題だった』と指摘しました」

同日，夜のNHKのニュースでは別の学校のコメントが流れた[3]。

「さいたま市の栄東高校では新たな入試の対象だった高校２年生が民間試

2　NHK政治マガジン「教育現場から安堵と不満 英語民間試験の延期」（2019年11月１日）
3　NHK政治マガジン「英語試験 抜本的に見直し ５年後実施に向け検討」（2019年11月１日）

験に向けて，すでに予約金を振り込んだり，対策講座を受けるなどして準備を進めてきました。延期は担任の教員が受験に必要な『共通 ID』の申請をしようとしていたやさきの出来事だったといいます。高校２年の男子生徒は『そもそも僕たちは民間試験は何のためにやるのか納得していなかったので，延期は当たり前の結果だと思っています。今後はやるべきことをやっていきたい』と話していました。別の男子生徒は『やるものだと思って，予約金を払ったりして準備してきたので，はぁというのが感想です』と話していました。また女子生徒は『朝起きてニュースをみて衝撃を覚えました。これまで準備してきたので悲しいです』と話していました。高校では英語の担当教員が実際に民間試験を受けるなどして対策を進めていたということで，田中淳子校長は『びっくりしました。準備をしてきた生徒はいったいどうなるんだろうと，はらわたが煮えくり返る思いです。もっと早い段階で決断して欲しかった。振り回された生徒を考えると気の毒でならない。高校生はいちばんの被害者だ』と憤りをあらわにしていました」

地域によって，学校によって，受け止めの差はあったが，高校生が振り回されたというのは共通の感想であった。

令和２年（2020年）７月に，全国高校長会では今般の入試改革の受け止めに関して，全国抽出調査により振り返っている[4]。それによると，「民間の資格・検定試験の導入を延期したこと」について，「評価できる」が92.8%，「評価できない」が4.3%，「わからない」が2.1%であった。

また，「記述式問題の導入が見送られたこと」について「評価できる」が84.9%，「進めるべき」が11.5%，「どちらともいえない」が3.2%であった。記述式については，大学入試センターが試行調査を繰り返し実施してきただけに，英語民間試験と比べると「評価できる」がやや下がるが，それにしても，そもそも文部科学行政を支えている全国の校長をしても，このような評価をすること自体，この間の改革が現場とあまりにも乖離した政策遂行であったことがうかがえる。

---

4　全国高等学校長協会会報第108号「高大接続改革における新たな大学入試の在り方」142-211頁（令和２年11月15日）。調査対象校は，各都道府県を単位として，Ａグループ（生徒の３/４以上が４年制大学に進学する学校）４校，Ｂグループ（大学や専門学校など進路が多様な生徒が在籍する学校）４校，Ｃグループ（専門高校）２校の各都道府県10校を抽出し，計470校から回答を得た。

今後，大学入試改革に伴って経済格差や地域格差がさらに影響してくるのではないかという不安も払拭されていない。「新しい大学入試では家庭の経済力がこれまで以上に入試結果に影響を及ぼすか」と聞くと，「そう思う」が89.1%，「そう思わない」が8.8%，「わからない」が1.3%となる。また，「地域差がこれまで以上に入試の結果に影響を及ぼすと思うか」という設問に対しては，「そう思う」が83.0%，「そう思わない」が15.1%，「わからない」が1.1%となる。さらに地域別にみると，中央より地方の方が地域格差の問題を切実に受けとめている様子がうかがわれる[5]。

◆◇◆

## 第４節　混迷した要因

これだけ高大接続改革が混迷してしまった要因は何であろうか。これについては，現在，あり方検討会議で検証中であり，令和３年（2021年）に公表予定の報告書を待ちたいと思うが，自己反省も含め，率直な意見を述べてきたい。

### １．政治主導の弊害

英語民間試験の導入にしても，記述式の導入にしても，この間の意思決定過程はブラックボックスでわかりにくい。ただし，このことを報じたメディアの報道[6]を見る限り，例えば英語民間試験についても，そもそも無理な面があったにもかかわらず，民間企業の教育界参入という経済活性化の視点や，グローバル化が進む中で日本が世界から取り残されてはまずいという国力向上の視点から，政治主導により，やや強引に導入されようとしていたことがうかがわれる。

---

5　この質問に関しては，「そう思う」，「ある程度そう思う」，「あまりそう思わない」，「そう思わない」の四択で聞いている。本文中のデータは肯定・否定で括ってまとめた。四択の「そう思う」で比較すると，「地域差が影響するか」の問いに，「そう思う」が中国・四国の45.6%，北海道・東北43.3%と高く，近畿25.0%と20ポイントの差があるとのことである。

6　NHK NEWS WEB「英語民間試験 導入延期の経緯と今後は」（2019年11月19日），NHK 政治マガジン「東大に活用指導を発言」（2019年11月19日），朝日新聞「英語民間試験活用，『強い圧力』証言」（2019年12月16日），山陰中央新報「日本の知，どこへ⑨大学と政治　頓挫した入試改革」（2020年１月27日）など。

経済活性化や国力向上も重要な視点であるが，果たしてこの政治主導は適切だっただろうか。現場感覚から見てあまりにも「無理筋な政策」ではなかったか。これだけの大混乱を引きおこした最大の要因ではなかったかと思う。

## 2．政治主導の動きを支えた官僚機構

これは極めて難しい点である。国民から選ばれた政治家が望むことを官僚は様々な知恵を出しながら実現していくのが，その使命である。したがって，「無理筋な政策」でも，それを止められないのは仕方がない面もあるかもしれない。一方で，方向転換をするチャンスであっても理論的に補完し，後戻りできない方向に進めてしまった面があったのではないだろうか。例えば，今回の高大接続改革の議論の中で，当初提言されていた複数回実施を見送った際，その代替として大学入学共通テストにおける記述式の導入を前面に打ち出し，「知識に偏重した一点刻みの評価の改革という複数回実施の狙いは改善される[7]」と言い換えて正当化していることもその１つである。一度動き出した流れを止めることができないのは，官僚機構の大きな課題である。

## 3．「暴走」を止められなかった現場の責任

最後に「暴走」を止められなかった高校現場の責任，大学現場の責任も大きい。例えば，高校側でいえば全国高校長会，大学側でいえば国立大学協会といった全国組織がある。それぞれ，予算配分にもかかわるので，難しい立場にあることは事実である。また，筆者自身も全国校長会の理事として，精一杯の対応はしてきたという思いはある。しかし，国の政策に大きな懸念があっても，学長や校長には，自己の置かれている立場に鑑みて，なかなか「批判できない」という構造があったのではないか。また，高校と大学で連携して，本質的な課題を抽出し共有化するまでには至らなかったのではないか。結果として，このような大混乱を招いたことは，率直に反省すべき点だと思う。

7　高大接続システム改革会議最終報告（2016年３月）

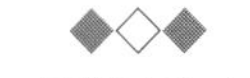

## 第５節　問題の本質は何か

以上３つの要因の背景にある問題の本質は何か。今回の未曾有の事態を契機に，問うべき問題の本質があるのではないだろうか。

### １．教育への「リスペクト」があるかどうか

１つは，教育という人の成長を扱う営みに対して「リスペクト」があるのかということである。

教育はとても身近な問題であるので，誰もが一家言持っている。ただ，教育それ自体に価値があると考えて，教育を「目的」として語っている人と，教育を例えば政治の手段であったり，ビジネスの手段であったりと，「手段」として語っている人の二種類の人がいるのではないか。もっとも，筆者自身も教育で生計を立てているわけなので，教育は手段でもあるわけだが，常々，教育を目的として語る人でありたいと思っている。その違いはどこにあるのか。

それは教育に対する「リスペクト」があるかどうかということである。教育は，人の成長を扱う営みである。ただ，この成長というのが厄介である。思ったようにはいかない。いつ効果が出るかわからない。予算を投じたらすぐに成果が出るという分野とは違う面がある。時にマイナスになることもある。一方で，新自由主義の流れの中，すぐに成果を求められる傾向も現在強くなってきている。成果を出すことの重要性は当然であるが，教育の根本には，どうしても瞬間風速を追いがちな成果主義とは相いれない部分があるのではないか。

なかなか変わらない教育現場に対して，改革論者はいら立ちを示しがちであるが，この間の混乱の様子を見て，特に教育界の外から発言し，改革を主導してきた人々については，人の成長を扱う教育の営みに対して「リスペクト」を持つことや，現場に対するある種の「おおらかさ」が欠けてはいなかったかと思うのである。

### 2．急激な教育改革は果たしてうまくいくのか

もう1つは，急激な教育改革は果たしてうまくいくのかということである。教育現場にも当然課題はある。ただ，戦時ならともかく，平時においては急激な改革というより，なだらかな改革のほうがうまくいくのではないか。目指すべき理念・旗は高く掲げながらも，成果の確認や意識の変容を伴いながら，少しずつ改善していく。そして気がついたら，以前とは全く違うことをやっていたくらいの改革のほうが，教育の分野では望ましいように思う。

というのも，改革には必ず副作用が生じる。教育行政はまさに総合行政であり，部分最適が全面最適にはならない。例えば，かつて東京都は受験競争を緩和するために，都立高校に学校群のシステムを導入した。しかし，そのことにより受験競争が緩和したかというと，決してそうはならなかった。逆に都立高校離れ，そして私学への受験生流入を招いた。

また，今般の大学入試改革においても，大学入試をより良いものにしようとする思いや狙いは望ましいにしても，準備がより大変になり，また難易度があがることにより，かえって大学入学共通テストが敬遠され，志願者が減ってしまうことも予想される[8]。

部分最適が必ずしも全体最適とはならないことを踏まえ，教育政策の立案者は，こうした作用，反作用を直観できる高度な想像力が求められていると思う。

## 第6節　今後への期待

あり方検討会議においては，当初は令和2年（2020年）内にも結論をということであったが，本稿の執筆時点では，じっくりと検討が進められている。ぜひ実りある議論を進めていただき，高校現場から見ても共感が得られる結

8　大学入試センター試験志願者数は18歳人口の減少にかかわらず，平成30年度（2018年度）入試までは増加傾向にあったが，平成31年度（2019年度）入試より減少に転じている。大学共通テスト初年度（令和3年度：2021年度）は，出願者総数は前年から22,455人減少し，535,244人（前年度557,699人）となった。内訳は高等学校卒業見込者が449,789人（同452,235人），高等学校卒業者等が85,455人（同105,464人）であった。（大学入試センター「令和3年度大学入学共通テストの出願状況（出願期間終了後）」（2020年10月15日））

論となることを願っている。ここでは3つの視点から，今後の高大接続改革の議論への期待を述べたい。

## 1．実現可能性への配慮がなされるか

理念や目指すべき方向性を示すだけでなく，どうやったら実現できるのか。実現可能性があるとすれば，そこに生ずる負担への対処方法や施策を実現するための資源の確保についても検討してほしいと思う。例えば英語教育は重要であるから，それを充実させようという方向性が示されるとするならば，そのためには質量ともに十分な人材を確保する必要がある。しかしながら，学校現場はどうか。例えば，ここ数年，英語教員を確保することに苦労するという学校現場の話をよく聞いた。

現在，教育改革の目玉として進められている「主体的・対話的で深い学び（アクティブ・ラーニング）」の実現も同様なことが言える。教員は，そのためには，単に教材内容を研究するだけでなく，教育方法についても十分に研究し準備をしなければならない。そういう点では，従来の教材研究にかける時間はさらに増大するわけで，その負担分を相殺する施策が必要になる。教員に新たな課題を課すときに，例えば一人当たりの生徒人数を減らすなど，それを実現させるための資源もセットで議論することが必要である。ただ，財務的な調整も必要なことから，どうしてもそうした人的確保や環境整備の視点が欠落しがちである。

## 2．格差への対応が考えられているか

明治5年（1872年），明治政府は新しい時代の教育を進めていくうえで，学制を発布した。そこには「邑(むら)に不学の戸なく家に不学の人ならしめんことを期す」という理念が掲げられている。つまり，学制という教育政策を進めることにより，士農工商という身分制度は解消される。やがて社会の格差はなくなり，活力ある社会を築くというのが，日本の近代化を支えた教育政策のベクトルであった。

一方，英語民間試験の導入の課題として，その施策を推し進めれば推し進めるほど，地域的格差，経済的格差が広がるのではないかという懸念が強く指摘された。教育政策が進めば進むほど格差が広がることは，学制の政策べ

クトルとは真逆になる。文部科学大臣のいわゆる「身の丈発言[9]」は，少なくともその真逆のベクトルは不当ではないことを示そうとしたものであろうが，これに対して世論の抵抗は強かったことは確かである。

先述したように，特に地方の学校ほど，このことを心配している傾向が見られる。国としても，あり方検討会議での検討事項の１つになっているが，この根源的な問題をどうとらえ，どう向き合うのかをはっきりと示すことが求められていると思う。

## 3．本来の高大接続の取り組みがなされるのか

今回の高大接続改革の議論は，アメリカやヨーロッパのシステムを参考にしようという面があったと考える。ただ，制度を表面的に導入すればよいというものでもない。本質的な高大接続について考えてみる必要がある。

筆者はかつて，アメリカの大学を視察する機会に恵まれた。アメリカの大学入試制度自体にも課題はもちろんあるわけだが，そこで問う「エッセイ」にこそ本質的な高大接続のヒントがあるように感じた[10]。

「エッセイ」で大学が見ようとしているのは「人生の構想力」である。たった一度の人生をどう構想していくのか。試行錯誤を通じて，自分が情熱（パッション）を持って取り組めることを見出し，ささやかであっても社会に貢献できる人になる。それを構想する力である。

「エッセイ」は，将来自分が何になりたいかだけではなく，自分はどう生きたいか，また自分の良さを見出して，どう障害を乗り越えてきたかということを問い続ける中で，はじめて書き上げられるものであろう。その答えは，成長の途上で変わるかもしれないけれど，そのことを問い続け，考えさせ続け，表現させ続けながら，高校から大学へと送り出していくことこそが，本

---

**9**　平成31年（2019年）10月24日 BS フジ LIVE プライムニュースでの萩生田光一文部科学大臣のいわゆる「身の丈」発言。新しく導入される民間英語試験によって受験生の間に経済的・地域的な格差が生じるリスクが取り上げられた際，以下のように反論した。「そういう議論もね，正直あります。ありますけれど，じゃあそれ言ったら，『あいつ予備校通っていてずるいよな』というのと同じだと思うんですよね。だから，裕福な家庭の子が回数受けて，ウォーミングアップができるみたいなことは，もしかしたらあるかもしれないけれど，そこは，自分の，あの，私は身の丈に合わせて，２回をきちんと選んで，勝負してがんばってもらえば」この発言から４日後（10月28日），大臣は説明不足であったと陳謝。翌朝（10月29日），大臣は発言の撤回を明言し，再び謝罪した。

**10**　日本経済新聞「米国の大学入試に学ぶ―『人生の構想』描かせよ―」（2017年１月30日）

来の高大接続ではないだろうか。ひるがえって，日本の高校や大学では，こうした「エッセイ」を書ける力を，授業の場や授業外の場で，あるいは試験の場で培っているだろうか。改めて問うてみる必要がある。

以上，「高大接続改革に対する高校現場の受け止めと今後への期待」について述べてきた。政策立案にかかわる者には厳しい意見を述べたが，同時に我々現場を預かる者は，改めて人間の成長を預かる教育の営みの重要性に鑑み，目の前の職務に覚悟を持って取り組み，いつの日か矜持を示したいと思うところである。

# 第8章 「入試」を読み解き，解きほぐす[1]

笠井　敦司

## 第１節 「対策」を問い直す

### １．高校現場の考え方と実際――「入試」から「選抜」へ

いよいよ令和３年度（2021年度）入試より「大学入学共通テスト（以下，共通テスト）」が実施される。高大接続改革の要である今般の「大学入学者選抜改革」は，大学入試等の外部要因によって規定されがちな高等学校教育を改善させる「てこ」として位置づけられている。知識偏重，一方向的で受動的な授業形式・指導方法に偏りがちな高等学校教育に対し言わば逆向き設計で変革を促し，資質・能力の育成に重きを置いた教育に改善させようとするものだと認識している。そのことは「共通テスト」導入のみならず，「一般選抜」,「学校推薦型選抜」,「総合型選抜」というように大学入試の枠組みを再定義し，「選抜」という表現に改めた点にも象徴される。以上のような「改革」は，技術的に合格点を取ることにばかり意を注ぐ流れを作りがちであった「入試」から，多面的かつ本質的に生徒の資質・能力，学びに向かう姿勢を見極める「選抜」へ転換する，というメッセージだと現場では受け止めている。

ただ，当初から「共通テスト」にのみ注目が集まり，数学および国語への記述方式の導入や英語民間試験の利用といった「センター試験」からの変更点や，設問の変容といった運用面・形式面が話題の中心となっていたように感じる。その後周知の通り数学・国語の記述方式の取りやめ，「英語成績提

1　本稿は，第32回東北大学高等教育フォーラム「大学入試を設計する――『大学入試研究』の必要性とその役割――」（令和２年（2020年）９月23日）において，現状報告２「大学入試を読み解き，解きほぐす――高校現場の実践と課題――」として発表した内容を加筆修正したものである。

供システム」の導入見送りという曲折を経て，「共通テスト」への期待や疑問も含めた関心は下火になり，コロナ禍もあいまって，それぞれの選抜方式の全き形での実施や実施自体が危ぶまれる状況にあるのが現状である。

しかし，だからといって当初掲げた理念までが反故になったわけではない。コロナ禍があろうがなかろうが，もう以前の入試には戻らない。資質・能力を見取ることのできる選抜方式へと変わっていくこと，少なくともその比重が大きくなることは確かである。そのことから目をそらさず，これまでの日常の指導をどう変え，何を守り，どういった選抜「対策」が必要なのかについて，本校の推薦・AO 入試（学校推薦型選抜・総合型選抜）対策を具体的な材料としながら述べていきたい。

## 2．「指導・訓練型」から「プロジェクト型」へ――「対策」観の転換

さて「推薦・AO 入試対策」に焦点をあてて論を進めるのには意図がある。募集人員という物理的制約があるにせよ，今回の改革の理念を最も色濃く反映した選抜方式が「学校推薦型選抜」，「総合型選抜」だからである。これらの方式は，教科横断的な多角的視点で物事をとらえ，既有知識を有機的に組み合わせて活用して論理的に思考・判断し，自分の考えを相手に伝わるように表現する力が求められる。こうした，本質的な学力を問うような選抜方式への「対策」として実践された指導内容・方法が，高校のカリキュラム内での指導，すなわち普段の対面授業やオンライン授業の質的な改善につながっていき，ひいてはカリキュラム編成そのものにも影響を与えるものと考えている。そして改善された普段の学習指導が「選抜対策」へ再帰的に影響を与えるといった好循環，あるいは「地続き」の指導がなされるようになることを理想として描いている。そうなれば従来のような「入試のためだけの期間限定のスキル習熟」としての「対策」から脱することができ，受験生自身も「普段の学びの延長上に選抜対策がある」という認識を持つことができる。もしそうでなければ，「学校推薦型・総合型選抜」は「普段の学びとはベツモノで，短期間集中特訓し，時間を犠牲にして対策するリスキーな選択」という従来の前時代的な認識から抜け出すことはできないだろう。

「推薦・AO 入試」への古典的な指導スタイルは以下のようである。

・マンツーマン（生徒が指導教員に師事する，徒弟スタイル）
・指示，指導，アドバイス，といった教師→生徒の一方向ベクトルがほとんどで，生徒はそれに従うという受動的立場にある。
・担当教員に任せきりで，担任・進路指導部と指導に関するすり合わせ・意見交換があまり持たれない。

そもそも教員と生徒との関係は垂直的であり，指導教員がこうしろ，そうするな，と言えば生徒はそれに従うしかない。この関係性を崩さず「指導する」という観念に凝り固まると，指導そのものが文章の書き方，受け応えの仕方，設問の解き方といった「方」の指導，表面的な技術指導に終始してしまい，単なる「訓練」でしかなくなってしまう。しかし考えてみれば明らかだが，教え込まれたものを自分に叩き込み，それを再現するというスタイルは，「推薦・AO 入試」で大学側が見取りたい力と合致しているだろうか？そうした指導がアドミッションポリシーに掲げられている資質・能力を育てているだろうか？——ここには，「アドミッションポリシーの解釈とそれに基づく指導」と「推薦・AO 対策を通じて生徒の資質・能力を育てる」という観点が，欠落している。「入試対策」におけるこうした構造的な弊害を取り除くには，教員は「指導者」ではなく「プロデューサー」であるべき，という発想の転換が必要なのではないだろうか。

## 3．本校の対策スタイル——「医学科対策」を中心に

先述した古典的な指導スタイルに対して，本校が主として医学科 AO 入試対策として実施している指導には以下のような特徴がある。

・一対多，時にマンツーマン
・生徒集団のなかで意見交換をさせ，指導内容や難易度などについて生徒からの提案を取り入れる。生徒↔生徒，生徒↔教員といったベクトルが行き交う。
・指導の場面を公開し，他の教員から意見をもらい，多角的な視点で生徒をとらえる。担任とも常に情報共有に努める。

おそらく多くの進学校でも様々な名称で医学科進学志望者をグループ化し，上記のようなスタイルで指導がなされていると思われるので，特に目新しい先進的なものではないと思う。ただ，大切なのはこうした「指導スタイル」ではなく，そこでどのようなアプローチで，どんな資質・能力の育成をめざすか，という「指導理念」とそれに基づく「実践」であると考える。そのため，以下のようなステップを踏んで「入試対策」を行っている。(1) 学科の目標・アドミッションポリシーを読み解く，(2) 求められる資質・能力を洗い出す，(3) 過去問の情報を集める，(4) 求める能力を「見取る」ための「デザイン」を探る，(5) 強化すべき資質・能力を見極め，指導計画を立てる，(6) 実践・反応を見ながら微調整する，(7) 取り組んだ後，グループ・個人で振り返る，(8) その振り返りの状況から次の指導方法や内容を修正する，という8つのステップである。第2節では (1) ～ (4) について，第3節では (5) ～ (8) について具体的に見ていきたい。

## 第2節 「入試」を解きほぐす

### 1. アドミッションポリシーを読み解く

まずはステップ1「学科の目標・アドミッションポリシーを読み解く」について，東北大学医学部医学科を例として取り上げて説明したい。

AO入試Ⅱ期（医学科）「人を対象とする生命科学や医学・医療に関わる学問に強い関心を持ち，旺盛な探究心と創造的な思考能力と高い倫理観を有する人を求めています。東北大学で学部・大学院教育を受けることを希望し，大学や研究所で研究医として世界的な活躍をめざす情熱と積極性を有する人を歓迎します。筆記試験，書類審査，面接試験によって，医学・医療に関わる学問への関心，探究心，思考能力，倫理観などを評価します。」

AO入試Ⅲ期（医学科）「将来，医学・医療の指導者として世界で活躍をめざす人を求めています。東北大学で医学教育を受けることを熱望し，対話による相互理解力と医学への強い学習意欲と探究心を持ち，リーダーシップを発揮できる人を歓迎します。大学入試センター試験の成績に加え，筆記試験，書類審査，面接試験によって，医学・医療に関わる学問への関心，探究心，思考能力，倫理観などを評価します。」

（東北大学，2019，傍線は筆者）

こうして読み比べると，Ⅱ期とⅢ期では重きを置く能力に違いのあることがわかる。共通する部分もあるが，資質・能力の観点の違いに着目して次のように解釈することができる。

## 2．求められる資質・能力を洗い出す

AO Ⅱ期について，「創造的な思考能力」とは，「一見して解決方法が見出しにくい課題に対して，定式的な思考パターンにこだわらず，多角的な視点でとらえ，柔軟な発想で解決に導く能力」と解釈し，「研究医として世界的な活躍をめざす情熱と積極性」は，「解決困難な具体的課題を見据え，その解決をめざす強い志とそのためのビジョンを持ち，行動に移す力」と読み解いた。AO Ⅲ期の「対話による相互理解力」は「『指導者として世界で活躍する人』に必要な，コミュニケーション能力，対話を通じ相手の意図や考えをしっかりと受け止めて理解し，その上で自分の考えを相手に伝わるように言語化できる力」と解釈し，「リーダーシップ」は，「『対話による相互理解力』に基づいて，考えを整理し，自分の言葉で解決策や方針を打ち出すことのできる力」と捉えた。

このように読み解くと，おおざっぱではあるがリテラシー（思考力）重視のⅡ期，リテラシーは「センター試験」（現「大学入学共通テスト」）で確かめ，試験では相対的にコンピテンシーを重視する（思考力も当然問われているが）Ⅲ期といった，色彩の違いが見て取れる。こうした読み解きに基づいて，いわば「確かめ算」として過去問情報と突き合わせてみる。

## 3．過去問の情報を集める

どの高校でも図８－１のような報告書・レポートの提出を受験した生徒に協力してもらっていると思われる。これをベースに聴き取りを行い，求められる資質・能力は何だったかを，受験した生徒の言葉で語ってもらった。こ

平成　　　年度入試　**受験報告書**

区分　（国公立4年制）　私立4年制　短期大学〔公・私〕　他〔　　〕

| | | | |
|---|---|---|---|
| 東北　大学 | 医　学部 | 医　学科 | |
| 推薦・AO受験区分 | 公募推薦〔　期〕　（AO〔Ⅱ期〕） | 指定校推薦 | その他〔　〕 |
| | 一次選抜 | （二次選抜） | |
| 一般入試区分 | 私大一般〔　〕　国公立前期 | 国公立後期 | 公立中期　短大 |
| 試験日 | 平成　29　年　11　月　18　日（　土　曜日） | | |
| 選抜方法 | 学科試験　（小論文）　実技試験 | （面接） | その他（　） |

| 学科・実技試験 | 科目名 | 時間 | 設問内容の概略　※書ききれない場合は，他の欄を利用してください。 |
|---|---|---|---|
| | | 分 | |
| | | 分 | |

| 小論文 | |
|---|---|
| テーマ<br>内容・設問<br>制限時間<br>〔　60　分〕<br>〔無制限 ※〕<br>タテ書き・（ヨコ書き）<br>資料・課題文<br>有・（無）<br>名称は「小作文」 | ①「風が吹けば桶屋がもうかる」のように，一見関連のない原因から結果が導き出される過程を論理的に記述 ②①で論理が正しいことを証明する方法を書く ③現在ない文房具であったら良いなと思うアイデアを書く。特に良いと思うものに2つ絞って書く。①は「先進国で少子高齢化が進む」という事態から最終的にどのような結果が起こるか書く問題で，私は「人間との会話能力をもつAIの発達」を結論として，2つの論理の道すじを書いた。このように原因から結果を筋道立てて書く練習は〔illegible〕先生としていたので，比較的に安心しながら書けた。先生に感謝したい。②①で作った論理を客観的に分析して課題点を発見したり，科学的に証明する方法を記述する。そのとき考えられたことをとにかく全て書いた。もう少し論理的に深く掘り下げて書ければ良かったかもしれない。③も思いついたものをとにかく書いた。「実現性がないもの」「可能性は低いが実現しうるもの」「実現性が高いもの」の分類が案外難しかった。私は自然素材の色をそのまま再現できるペンや空気中に絵を書けるペンなどを書いた。 |

図8-1．受験報告書

のレポートから，AO Ⅱ期のアドミッションポリシーに掲げる「創造的な思考能力」が具体的にどのような設問として問われているのかを知ることができた。このレポートによると，「風が吹けば桶屋が儲かる」のように，一見関連のない原因から結果が導き出される過程を論理的に記述するという設問と，現在存在しない文房具で，あったらよいと思うもののアイデアを書く，という設問であった。一義的な答えのない問いに対し，発想力と論理的思考力で立ち向かう課題であり，教科で学んだ知識の多寡に左右されない思考力を問うものであると言える。また，受験した生徒の感想の中に「結果から原因を筋道立てて書く練習はしていたので安心して解くことができた」とあることから，対策自体の方向性が間違っていないこともわかった。

## 4．「指導」という固定観念を乗り越える

こうしたレポートや聞き取りから，可能な限り実際の試験の状況を再現して指導するが，大切なのは具体的な再現性ではなく，そうした設問内容・方式から見える原理的な「デザイン」を読みとることだと考える。それさえ誤らなければ，類題を探すことも容易だし，改題・創作もそれほど難しくない。「対策のしようがない」とよく耳にするが，それは「対策＝実際の出題形式に習熟する」という発想をするからであって，「対策＝出題の原理的デザインに沿って創造的に手立てを講じ，生徒のリテラシー・コンピテンシーをレベルアップさせること」と考えれば，指導者としてむしろ気が楽であり，なによりも生徒と一緒に探究する楽しい時間を共有することができる。教員はつい，指導する内容についての教科の枠を越えた豊富な知識，入試対策の豊富なキャリアとノウハウがなければ指導ができない，マニュアルがなければ指導のしようがないと考えがちであるが，それは「生徒に知識・技能を伝授するのが教師の役割だ」，「模範解答を提示しなければならない」という観念に凝り固まっているからである。百歩譲って専門教科においてはそのような側面があるが，それと同じ認識で「思考力を問う」入試問題の指導にあたろうと思っても，うまくはいかない。

では，教員はどのような立ち位置で，どのような「スキル」をもってすれば，生徒の本質的な思考力を伸ばしていくことができるのだろうか。しかも，通常業務を抱えながらオプションで入試対策指導を行うという，時間的にも仕事量的にも圧迫されるなかで，どうやって効果的な指導をしていくことができるのだろうか。こうした悩みについて，筆者は次のようなシンプルな視点を提案したい。

## 5．試験問題の「デザイン」を探る

これまでの入試対策指導で筆者が考えた「思考力を問う」入試の「デザイン」は，大きく分けて以下の2つに分類できると考えている。

【ブラックボックス型】…見えない因果関係を探究する。すでにでき上

がっている家を見て，その構造がどうなっているか図面に書き起こす。

#風が吹けば（　　　？　　　）#桶屋が儲かる

【パズル型】…目に見える事象を因果関係で結ぶ。山積みになっていている資材を見極めて，それを適切に使って家を組み建てる。

#風#土ぼこり#目が不自由になった人#三味線#ネコの皮#ネズミ#桶

この，ちょうどベクトルが逆になる一対の思考を鍛えることを念頭におけばよい。志望する大学の入試「デザイン」がブラックボックス型・パズル型のどちらに軸足があるかを見極めれば，生徒の状況を見極めて「対策」を立てていくことができる。対策とは，教員が持っている知識やノウハウを伝授することではなく，出題の原理的デザインに沿って素材を探し，それを対策問題として形作り，生徒に課題として投げかけ，そのプロセスで生徒のリテラシー，コンピテンシーをレベルアップさせることだと考えればよいのだ。極端に言うと，この2つの視点で類題を探したり，新聞や書籍等を読んだりして素材さえ見つけてしまえば，最後に「正解」や「模範解答」を提示する必要はなく，生徒の解答に対して指導者自身の視点や考えを投げかけ，さらに思考を深められるようにしていけばよいだけである。

## 6．生徒の資質・能力を見極め，気づきを促す

「デザイン」の軸足が決まったら，それに基づいて対策問題の作成（選定）作業に入る。大学入試の小論文・総合問題を集めた問題集を参考にして，例えば「パズル型」を解かせたいなら，「複数の図表や文章資料が組み合わさった問題」を探していけばよい。必要に応じて設問を改変し練習問題として提示する。生徒の習熟度を見極めるために，宿題にするのではなく，例題を指導者の目の前で解かせて，その様子を観察する。可能ならば複数の生徒をまとめて指導すると生徒同士の見方・考え方の違いや特徴を知ることができ，生徒にとっても指導者にとっても有益である。そうしたグループ内で生徒自身に互いに，解いてみての感想や意見を言語化させ，自身の思考の相対化を促す。生徒は気づいたことを自分の答案に朱書きしていく。その生徒自身の「振り返り」を踏まえて，指導者側がまとめ，指導者自身が設問へどう

アプローチしたかを披露し，さらに思考を深めたりパースペクティブを与えたりする。このディスカッションがそのまま「添削指導」あるいは「評価」になる。こうした事後ミーティングを通じて答案の出来・不出来を生徒が納得したうえで，もう一度同じ問題を解き直すのか，新しい練習問題へ進むのかを相談して，指導計画・日程を組んでいく。けっして押しつけの計画にならないように留意することが重要である。

ここで教員は，生徒の気づきとその言語化を促すファシリテーターをつとめ，けっして「正解」を押しつけるような「指導」をしてはいけない。

## 第3節　「対策」を展開する

### 1．指導を実践する

ここでは，「ブラックボックス型」，「パズル型」を一例ずつ紹介したい。東北大学医学部・医学科 AO Ⅱ期の対策で用いたものである。「『ペナルティによってルールを守らせることはできない』という原則がある。ルールを守らせるためにペナルティを設定することに効果がないのはなぜか。具体例をあげつつ論証しなさい。そして，その論理に基づき『ルールを守らせる』ためにはどのような方法があるか，考えを述べなさい。」という設問である。

これは「ブラックボックス型」として，すでに立証されていたり，データが示していたりする「結論」，「結果」からさかのぼってその因果関係を掘り下げ，繰り広げていく思考力をはかる問を作成した。この設問は，資料なしで，自身の経験を援用して答えを組み立てられそうな問いなので，指導の初期で扱った。実際の体裁および生徒の答案を図8－2に示す。A4サイズ1枚の体裁で，30分程度で取り組めるサイズにしている。ここで生徒は「『たとえ後でペナルティを受けたとしても，今，ルールを破って好き勝手する方がいい』と考える人が一定数いるとき，ルールは守られない。だから，ペナルティを厳罰化してペナルティを軽視できないようにすればよい」という主旨の答案をまとめている。それに対して，「それだとルールを守ることより，ペナルティを避けることが目的になってしまわないか？　とすれば，『ばれなければ大丈夫』と考えて不正が横行し，やっぱりルールは守られないので

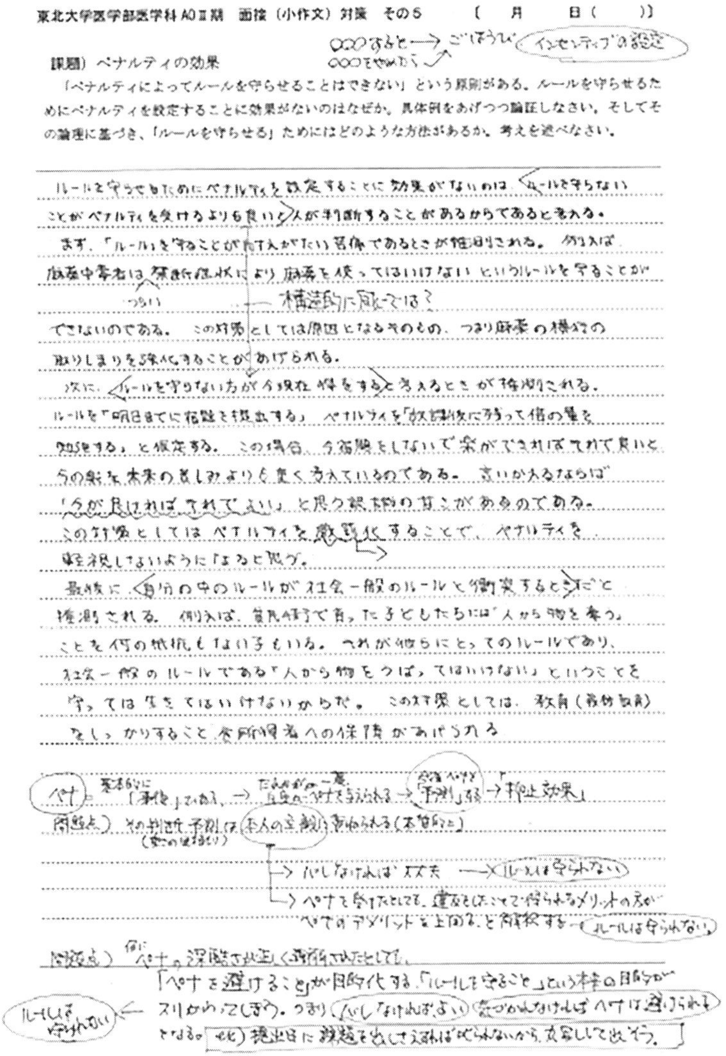

東北大学医学部医学科AOⅡ期　面接（小作文）対策　その５

課題）ペナルティの効果

「ペナルティによってルールを守らせることはできない」という原則がある。ルールを守らせるためにペナルティを設定することに効果がないのはなぜか。具体例をあげつつ論証しなさい。そしてその論理に基づき，「ルールを守らせる」ためにはどのような方法があるか，考えを述べなさい。

ルールを守らせるためにペナルティを設定することに効果がないのは，ルールを守らないことがペナルティを受けるよりも良いと人が判断することがあるからであると考える。

まず，「ルールを守ることが耐えがたい苦痛であるとき」が推測される。例えば，麻薬中毒者は禁断症状により麻薬を使ってはいけないというルールを守ることができないのである。この対策としては原因となるそのもの，つまり麻薬の横行の取りしまりを強化することがあげられる。

次に，ルールを守らない方が今現在得をすると考えるときが推測される。ルールを「明日までに宿題を提出する」，ペナルティを「放課後に残って倍の量を勉強する」と仮定する。この場合，今宿題をしないで楽ができればそれで良いと今の私を未来の私よりも重く考えているのである。言いかえるならば「今が良ければそれでよい」と思う短絡的考えがあるのである。この対策としてはペナルティを厳罰化することで，ペナルティを軽視しないようにすると良い。

最後に，自分の中のルールが社会一般のルールと衝突するときだと推測される。例えば，貧民街で育った子どもたちには「人から物を奪う」ことを何の抵抗もない子もいる。それが彼らにとってのルールであり，社会一般のルールである「人から物をうばってはいけない」ということを守っては生きてはいけないからだ。この対策としては，教育（道徳教育）をしっかりすること，貧困層への保障があげられる。

図８－２．ブラックボックス型の課題・答案例

はないか？」という投げかけをして「ペナルティ以外の方法」を考えるように再考を促した。

次に，パズル型の設問としてこのような設問を作成した。「『平成26年国民健康・栄養調査表２』を参照し，★印の有意差のあった項目に基づき，読み

とることができる状況を説明せよ。また，そのような状況になる要因を考え，その因果関係を説明せよ。そしてそれを踏まえて，効果的と思われる対策を立てよ。」というものである。羅列されている個別のデータを組み合わせて現象の因果関係を組み立てる設問である。「厚生労働省　平成26年　国民健康・栄養調査」の表２「所得と生活習慣等に関する状況」という表を参照する資料読解型の問題である。年収階層別の食生活・運動・飲酒・肥満・健診受診率などの状況を比較した表を基にそれらの因果関係を読み解いていく。この点では医療・保健分野や社会問題に関する知識や情報を豊富に持っている方がより深い考察をすることができる。したがって，進路志望達成に向けて普段からどの程度アンテナを張って新聞や Web から情報を得て，自分なりの意見を持っていたかがものを言う。あえて初期に提示して関連分野に関する諸問題について勉強するよう方向づけを行うか，ある程度それが進んできたころに提示するか，生徒の状況を見てカードを「出し入れ」する問題である。また，参照する資料の数が多ければ多いほど因果関係の組み立ては難しくなるため，生徒の習熟度によって徐々に資料数と種類が多い練習問題を課していくようにする。

## ２．意見交換して，答案を振り返る

これらの課題に取り組むことで，論理的な思考力や資料を読み解く判断力，それを相手にわかりやすく伝える表現力が鍛えられていく。しかし，それをただ添削して返却するだけでは，実は一方通行であり，指導者側の判断を答案に乗せただけでそこからの発展性がない。せっかく思考力・判断力・表現力を呼び起こしたのだから，添削で終わらせず，答案をベースに問答をする時間を設けたい。本当はどういうことを伝えたかったのか，伝えきれていない部分を掘り起こす働きかけが必要だ。その問答こそが何より「コミュニケーション能力」を育てることにもつながっている。実際の指導場面では指導対象が２名，指導者が１名の３名で問答を行った。お互いの答案を読み合い比較して，話し合わせ，そこに指導者が「ここにこう書いてあるのはどういう意味か？　少し詳しく説明してみてください」のように投げかけ，口頭で説明させる。また自分の答案の良かった点，うまくいかなかった点を説明させ，あわせてもう１名の答案で参考になった点も述べる，といった具合だ。

このプロセスがおのずと面接練習にもなっている。

図8－3．プレゼンテーション練習の様子

図8－3は，短めの学術論文を読み，その要旨を20分でメモを取り，ホワイトボードを使ってプレゼンテーションさせる練習をしている場面である。論文の内容をまとめる要旨把握力，それを筋道立ててわかりやすく説明する論理的思考力・表現力を鍛えることを目的としている。その説明に基づいて教員が質問をしてさらに詳しい説明を求めることで，対話力も鍛えられる。ちなみにこのとき与えた課題は「相関関係」と「因果関係」の違いを説明するものであった。これも東北大学医学部医学科 AO 入試対策の一環であるため，扱う内容的にも，一見関連のない原因から結果が導き出される過程を論理的に記述する「論理的思考力」を意識したものである。

## 3．指導内容や方法を修正する

設問や資料をどう解釈し，どういう方向性で書こうとしたのか，うまく書けなかった点は何か，などを言語化することは，「メタ認知」をするうえで不可欠なステップであるし，こうした「振り返りと気づき，見通し」の場面は，指導者が次に提示する課題の難易度や種類を決めるうえでも重要である。生徒の気づきを第一に，次回も同じ課題を書き直すのか，ブラックボックス型，パズル型どちらに取り組んだらよいか，などを相談して決める。

## 第４節 「対策」のその先へ

### １．「対策」に内在する発展性

「入試対策」という言葉のイメージは，とかく即物的・断片的で，言ってしまえば，「合格のための訓練」だという認識があるように感じる。しかし，「どれくらいよく訓練されているか」を見取るのが入試ではない。むしろ，訓練では身につかない本質的な思考力の質を見るのが「入試」なのではないだろうか。事実，ある大学の面接で，受験した生徒が退室する際に面接官から「高校の先生にあまり練習して来させないでと伝えて。」と言われたことがある。だとすればその「対策」は，「大学が求めている資質・能力を育て伸ばすこと」であって，「出題形式への習熟」ではない。結局は「思考力を鍛える＝対策」にほかならない。こうまとめてしまえば取り付く島もないが，その「島」にあたるのが「ブラックボックス型」，「パズル型」という「思考力」のパターンだと考えている。そこを手掛かりにあれこれと工夫を凝らし，生徒とコミュニケーションを取りながら「対策」をしていけば，自信をもって大学へ生徒を送り出していけるのではないだろうか。

そして，こうした「対策」に対する考え方は，とりもなおさず「主体的・対話的で深い学び」（文部科学省，2018）に通じるものであり，その実践は「基礎的・基本的な知識及び技能を確実に習得させ，これらを活用して課題を解決するために必要な思考力，判断力，表現力を育むとともに，主体的に学習に取り組む態度」（文部科学省，2018）を養う教育の実践にほかならない。入試対策を「合格を目標とした短期集中指導・訓練」としてではなく，「思考力を鍛え伸ばす集中特化型授業」ととらえれば，ここでのノウハウを普段の授業に活用することが可能である。入試対策を入試対策として「ベツモノ扱い」するのではなく，平常時の授業にも転移しうる「実践研究の場」としてとらえることが可能なのではないだろうか。

### ２．入試対策から「教科横断」的なカリキュラム設計へ

こうした「入試対策」での取り組みで得た知見を使い捨てに終わらせず，令和４年度（2022年度）から高等学校で施行される新教育課程の編成および

それに基づく学びの設計に生かすことができるのではないかと考えている。そのキーワードとなるのが「教科横断」である。

「高等学校学習指導要領（平成30年告示）」第1章総則第1款「高等学校教育の基本と教育課程の役割」の5には，「各学校においては，生徒や学校，地域の実態を適切に把握し，教育の目的や目標の実現に必要な教育内容等を教科横断的な視点で組み立てていくこと」とあり，また同第2款「教育課程の編成」の2「教科等横断的な視点に立った資質・能力の育成」には，「(1)各学校においても，生徒の発達の段階を考慮し，言語能力，情報活用能力(情報モラルを含む)，問題発見・解決能力等の学習の基盤となる資質・能力を育成していくことができるよう，各教科・科目等の特質を生かし，教科等横断的な視点から教育課程の編成を図るものとする。」とある。

これを踏まえて「教科横断」という概念を解釈すると，「資質・能力を中心に据え，教科の枠組みを越えた視点で課題を設定し，思考し，判断し，表現する」こととなる。このような取り組みを，入試対策というカリキュラム外の指導として放置しておくのではなく，教育課程内にしっかりと組み込めないか，という提案である。

## 3．網羅主義から探究主義へ

教科横断的な視点から教育課程（カリキュラム）の編成は，「問題発見・解決能力等の学習の基盤となる資質・能力を育成していくことができるように」（文部科学省，2018）なるという目標を実現するための「手段」として掲げられているのであって，教科横断自体が目的ではない。汎用的なリテラシー・コンピテンシーを身に付け伸ばすという目標を実現させるためには，必然的に教科の枠組みすなわちコンテンツベースの考え方を取り払う必要がある。しかし「教科横断」は，現場において目的として認識され，例えば「リンゴ」を題材に国語ではリンゴをモチーフにした詩を鑑賞し，理科では受粉から果実となるまでの過程を学び，社会科では日本におけるリンゴ栽培の歴史を学ぶ，といったような「コンテンツベース」あるいは「活動中心」のつながりが「教科横断」だという誤解がまだあるように思う。一方で学校現場ではひたすら教科書を進むことを目的とし，「教科」の枠の中で効率的に内容を説明する「網羅主義」の体質が抜けきっていない。このように，明確な知的ゴールが明らかになっていない「活動中心」，「網羅主義」の指導は「双子の過ち」（Wiggins & McTighe, 2005 西岡訳 2012）と呼ばれている。そうした，目的なき活動・目標なき知識伝達では，問題発見・解決能力等の，学習の基盤となる資質・能力を育成することはできないのである。

したがって，大学入試において求められる資質・能力を，付け焼刃の対策でなく，カリキュラムの中で育てていくためには，まず「網羅主義」，「教科分断主義」という伝統的な考え方（コンテンツベース）を相対化し，資質・能力を育てるために何を取り扱い，どのように学ぶ（指導する）のかという発想（コンピテンシーベース）に転換しなければならない。そしてそのあとに，学校全体で生徒に身につけさせたい資質・能力を共有し，その資質・能力を媒介にして，教科の枠組みを越えた「課題」を設定する，という段階を踏みたいと考えた。

## 4．「教科横断」の土台としての資質・能力の共有――共通言語をもつ

そこで本校では，育てたい資質・能力を「青高力10の力」として明示し，シラバスを通じて教員・生徒で共通理解を図っている。「青高力10の力」は次の通りである。(1) 知力・学力：教科の内容を理解し，それを活用する力，(2) 課題発見力：複数の統計や資料から，改善・克服すべき課題を設定する力，(3) 論理的思考力：客観的データや先行研究を踏まえ，自らの理論を筋道立てて構築する力，(4) 課題解決力：解決のための仮説を立て，それを実証するために行動する力，(5) 原因分析力：課題の背景や原因を，複数のデータに基づいて多角的な視点でとらえる力，(6) 受信・発信力：人の話に傾聴し様々な情報を受け取る力，自分の考えをわかりやすく相手に伝える力，(7) 協働力：他者の価値観を尊重しつつ他者と協力し，1つのものを成し遂げる力，(8) 行動力：自分の掲げる目標を達成するために，主体的かつ計画的に実行する力，(9) 自己管理能力：基本的生活習慣を確立し，健康と安全を意識して行動する力，(10) 自己実現力：社会の中で生きる自分を想像し，多くの情報を活用して実現させようとする力。

これらの力は汎用的なものであり，社会に出てからも必要となるものである。当然ながら特定の教科の枠の中だけで育つ力ではない。教科の枠を超えて有機的につながり，ひいては教科学習の枠さえ超え，文化祭や部活動など

の場面でも身についていくはずである。確かに，これらを計画的・意図的につけさせようと思ってもそれほど都合よくいくものでもないし，それらの力がどこまでついたのかを評価する術も用意しなければ，ただのスローガンに終わってしまう。しかし，これらの力をあえて分節化して明示することで，何のために学んでいるのか，結果としてどんな力が養われるのかを知ることができる。身につけるべき資質・能力を意識する姿勢は，大学のアドミッションポリシーを読み解くうえでも必要であるし，そうした力の発揮の仕方を知っていることは，総合型選抜で教科の枠組みを越えた課題に取り組む際にも大きな意味を持つことである。

ただ，このような力を見取るための教科横断的なパフォーマンス課題をどうやって案出するのか，案出できたとしてカリキュラムのどの局面（科目）でそれを実践するのか，生徒の答案をどのように評価するのかという問題がある。どれもハードルが高く，容易には解決できない。しかし，今後の大学入試，大学での学び，ひいては社会において求められる力を見据えたとき，高校段階で教科の枠を越えた課題に対して教科で学んだ知識を活用する授業・単元は必要であると考える。「必要なことは（各教科で）教えた。それを活用できるかどうかは，本人の才覚次第だ」という姿勢では責任を果たしているとはもはや言えない時代であると思う。

## 5．パフォーマンス課題を作成する

先に述べた「ブラックボックス型」，「パズル型」のパフォーマンス（論述）課題を特定の生徒（総合型選抜の受験者）だけでなく，広く取り組ませる試みをしてみた。図8－4は1学年を対象に，「国語総合」の授業で扱った課題である。与えられた新聞記事とグラフに基づいて，どうして京都市民の日常生活に支障が出るようになってしまったのか，その因果関係を組み立てる「パズル型」の課題である。新聞記事では市バスが満員で乗れない，歩道がごった返して通れない，近隣の民泊がうるさくて眠れないといった地域住民の声が取り上げられている。また，京都市東山区の人口がピーク時の半分ほどに減少，4万人を割り，高齢者の割合と空き家が増加しており，空き家となった町家が違法民泊になるなどの問題にも触れている。この記事と「簡易宿泊所許可施設数の推移」を根拠に論理を組み立てるわけであるが，生徒はかなり苦戦していた。模範解答としては「京都を訪れる外国人観光客が急増する」→「ホテル・旅館の客室数ではまかないきれなくなる」→「宿泊場所の需要が高まる」→「空き家となった町屋がどんどん民泊になる」→「市民の生活圏内に外国人観光客が日常的に入り込むようになる」→「京都市内

■因果関係をとらえる　—身につける力；「原因分析力」

資料 1（新聞記事）および資料 2（グラフ）に基づき，京都において外国人観光客によって起こっている現象について，空欄を補い因果関係図を完成させなさい。

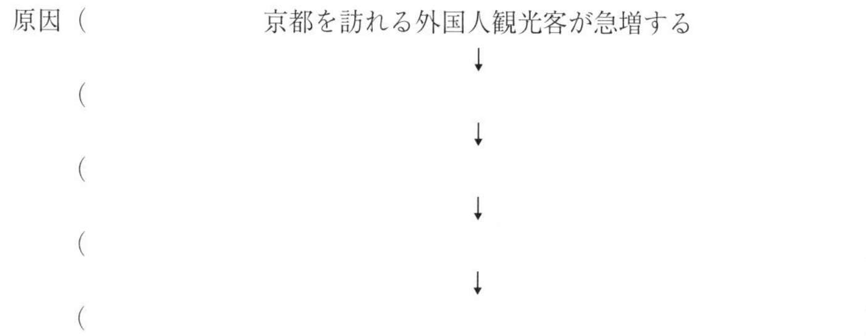


結果　京都市内の住民の日常生活に支障が出ている。

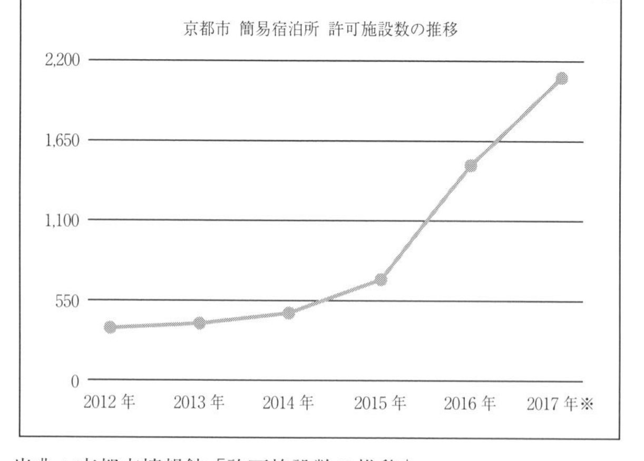


出典：京都市情報館「許可施設数の推移」

図 8 - 4．「国語総合」授業教材

<u>の住民の日常生活に支障が出ている。</u>」となるが，このように筋道立てて説明できた生徒はほとんどいなかった。指導する側とすれば「読めば書いてあることだから，ほとんどは問題なくまとめられるだろう」と考えていたが，文章とグラフを組み合わせて因果関係を導き出すスキルがないことがわかった。最も多かった答案が，「京都を訪れる外国人観光客が急増する」→「<u>市バスが満員になって乗れなくなったり，歩道が混雑したりするようになる</u>」→「京都市内の住民の日常生活に支障が出ている。」というものだった。「日常生活における支障」の「具体例」にすぎない内容を「因果関係」として処理してしまっている。そのため，「因果関係とは何か」，「因果関係の説明の仕方」といったスキル自体の解説や支援も視野に入れて授業を展開する必要性に迫られた。「青高力」の中の「原因分析力」を身につける，というコンセプトで設計した課題であったからこそ，こうしたスキルの欠如に気づくことができたわけである。このように，資質・能力にもとづいて素材を探していくと，結果的に教科横断的な話題や汎用的なスキルに着地するようである。

有意義な課題は「現実世界の状況において人が知識と能力を試される仕方を模写したりシミュレーションしたりするようなものとして設定される」（Wiggins & McTighe, 2005 西岡訳 2012）ものであるため，今回の授業で扱った素材は初歩的ではあるが，課題としては理にかなっているといえる。このようにして課題を案出することはそれほど時間がかかるものでもなく，新聞・雑誌，Web サイトなどで気になったものをストックしておくだけでよい。また，積極的に他教科の先生に知恵を求めればおのずと「教科横断」が実現する。

## 6．今後の課題――評価と振り返り

ただパフォーマンス課題を作って，取り組ませるだけでは不十分である。その答案をどのように評価するか，評価方法を確立することが必要である。明快な正答がある小テストなどと違って一義的な「正解」がないため，評価基準を定めたルーブリックの作成が不可欠である。しかしながらルーブリックの作成の仕方とその妥当性，それを用いた評価の実際などについて，いまだ研究不足である。しかしこうした評価基準はまず作成してみてから課題を見つけ，改善を繰り返していく中でしか確立されないものであるため，仮のものを作成し，それを使って試行問題を評価してみたい。

## 第５節　おわりに

AO 入試（総合型選抜）対策の指導について，アドミッションポリシーを読み解いて求められる資質・能力を把握し，その力が入試問題のなかでどのような形で試されているのかを分析する。そして生徒にもそのことを認識させ，その力を培うために例題に取り組む，という姿勢で指導を行う。これが，本校の医学科入試対策のあらましであった。

この指導を通じて言えることは，考え方や書き方を一方的に生徒に教え込んで型枠にはめ込むような指導観では，大学側が求める資質・能力を育てることはできないばかりか，むしろ生徒の思考力を狭めてしまうということだ。そして，このことは「大学入試対策」という限定的な文脈だけに閉じているものではなく，学校カリキュラム全体にも言える。今後，高校の現場は，単位時間当たりの知識・情報の伝達量にばかり意を注ぐ網羅主義を脱却し，知識を活用させることに主軸を置く探究主義を標榜することが重要になると考える。知識を活用することによってその意義や価値を実感し，そこからさらに自ら主体的に学んでいこうとする意欲を育てることが求められる。大学入試が改革されても，その手前の高等学校教育が変わらなければ意味がない。このことが，入試を読み解き，解きほぐした末にたどり着いた結論である。

### 文　献

Wiggins, G., & McTighe, J.（2005）. *Understanding by design*（Expanded 2 nd ed.）. VA: Association for Supervision and Curriculum Development.
（ウィギンズ，G.・マクタイ，J.　西岡 加名恵（訳）（2012）. 理解をもたらすカリキュラム設計――「逆向き設計」の理論と方法―― 日本標準）
東北大学（2019）. 令和２年度（2020年度）入学者選抜要項　東北大学
文部科学省（2018）. 高等学校学習指導要領（平成三十年告示）　文部科学省

# 第4部 わが国の大学入試の展望

# 第9章

# 討議――パネルディスカッション――[1]

第9章として，令和2年（2020年）9月23日に開催された第32回東北大学高等教育フォーラム「大学入試を設計する――『大学入試研究』の必要性とその役割――」における「討議――パネルディスカッション――」の模様を収載した。パネラーは，フォーラムでの講演者であり，本書の第1章，第6章，第7章，第8章，第10章の著者である。フォーラムでは，オンラインでの参加者（284名，主に高校教員，大学教員）にあらかじめウェブアンケートのページのURLを案内し，各講演者に対する質問や意見を記入してもらった。討議は，ウェブ上で寄せられた質問や意見にパネラーがコメントするという形で進められた。したがって，本章を読むにあたっては，講演内容に基づいて執筆された上記の章をあらかじめご一読いただければ幸いである。

1　本章は，「IEHE TOHOKU Report 84　第32回東北大学高等教育フォーラム　新時代の大学教育を考える［17］報告書 大学入試を設計する――『大学入試研究』の必要性とその役割――」（東北大学高度教養教育・学生支援機構，2021）の「討議――パネルディスカッション――」を，音声記録と再度照合し，加筆修正した上で再録したものである。

第32回 東北大学高等教育フォーラム 新時代の大学教育を考える[17]

# 大学入試を設計する

## ―「大学入試研究」の必要性とその役割―

○オンライン参加と来場参加による対面での開催となります。
○オンラインは同時配信，来場参加は東北地方在住の方に限定させていただきます(申し込みは下記QRコードから)。

2020年 9.23［水曜日］

時間／13:00～17:00(受付開始12:00)
会場／東北大学百周年記念会館 川内萩ホール
主催／東北大学高度教養教育・学生支援機構
教育関係共同利用拠点提供プログラム 高等教育論L-01

プログラム

開会］開会の辞　大野 英男／東北大学総長

基調講演1］「大学入試学」の淵源と展開 ― 個別大学の入試関連組織と入試戦略 ―
倉元 直樹／東北大学教授

基調講演2］「大学入試学」の実践と成果 ― エビデンスに基づく東北大学の入試改革 ―
宮本 友弘／東北大学教授

現状報告1］入試改革への挑戦 ― お茶大新フンボルト入試の実施状況・課題・展望 ―
安成 英樹 氏／お茶の水女子大学教授

現状報告2］大学入試を読み解き、解きほぐす ― 高校現場の実践と課題 ―
笠井 敦司 氏／青森県立青森高等学校教諭

現状報告3］「高大接続改革」に対する高校現場の受け止めと今後の期待
杉山 剛士 氏／武蔵高等学校中学校長

討議］討議

閉会］閉会の辞　滝澤 博胤／東北大学理事

お申し込み・お問い合わせ
東北大学高度教養教育・学生支援機構
[TEL]022-795-4815 [FAX]022-795-4815
[mail]forum32@ihe.tohoku.ac.jp [web]www.ihe.tohoku.ac.jp

[お申し込みサイト]
こちらのQRコードから
お申し込みできます▶

| | | |
|---|---|---|
| 司　会 | 秦野　進一 | （東北大学高度教養教育・学生支援機構特任教授） |
| | 伊藤　博美 | （東北大学高度教養教育・学生支援機構特任教授） |
| パネラー | 倉元　直樹 | （東北大学高度教養教育・学生支援機構教授） |
| | 宮本　友弘 | （東北大学高度教養教育・学生支援機構教授） |
| | 安成　英樹 | （お茶の水女子大学教授） |
| | 笠井　敦司 | （青森県立青森高等学校教諭） |
| | 杉山　剛士 | （武蔵高等学校中学校校長） |

**秦野進一特任教授（司会）：**

皆さん，こんにちは。討議の司会を担当させていただきます東北大学入試センターの秦野と申します。

**伊藤博美特任教授（司会）：**

同じく伊藤です。

**秦野進一特任教授（司会）：**

よろしくお願いいたします。

**伊藤博美特任教授（司会）：**

よろしくお願いいたします。

**秦野進一特任教授（司会）：**

お時間が限られておりますので，すぐに討議に入りたいと思います。まずは，５人の先生方，ご発表どうもありがとうございました。本日の進め方ですが，最初にご発表の補足，あるいはほかの方の発表を聞いた上で改めてお話ししたい点などございましたら，お伺いしたいと思います。その間に参加者の皆様からオンラインでいただいた質問の整理をして，こちらで幾つか取り上げさせていただいて，壇上の先生方にご討議いただくという形で進めたいと思います。ただ，時間の制約がございますので，全ての質問にお答えすることはできませんのでご了承いただければと存じます。それでは，ご発表順に，まず倉元先生いかがでしょうか。

**倉元直樹教授：**

基調講演者というよりも，主催者的な視点になってしまうかもしれません。現状報告の先生方のお話をお聞きして，ちょっと感じたことをお話しさせていただこうと思います。

まず，安成先生ですが，実は安成先生をぜひこの場にお呼びしたいと言ったのは私でございます。というのは，お茶の水女子大学の新フンボルト入試は，見た目が東北大学と全く違うのですね。おそらく東北大学では絶対にできないことをやられている。けれども，実は設計思想が似ているなと思ったのです。それは何かと言いますと，入試広報活動を通じて，第1志望の受験生をつくり，彼らが複数の機会を通じて最終的に入ってきてくれる，そのことによって大学を活性化させるというモデルが，実は，我々が考えていたこととそっくりだと思いまして，それでお呼びした次第です。決して，反省点だとか真逆だとかということではないと思っておりますので，ご理解いただければと思います。

次に，笠井先生のお話は，実は，非常になんとも，ある意味，居心地悪く聞いておりました。というのは，大学入試のあり方が高校現場の指導に対して，やっぱり影響を与えているということ非常によくわかったところなのですが，こんなに一言半句受け止めてもらっていいのだろうかという不安を若干感じました。大学で大事なことというのは，書かれていること以外の世界を読み取ることなんだろうと思うのですね。それは逆に言えば，高校では書かれていることが全てという前提で教育していただいて，多分，いいのだろうと思います。そこに，大学に入ってからのギャップがあると思うのです。おそらく，笠井先生は，その書かれていないところまで読み込んで理解しておられるんだけれども，あえて，発表をそこに限定されたのではないかと思って聞いていたというところです。後で種明かしをしていただければと思います。

杉山先生は，ずっといろんな機会でお話を伺ってきて，このような高校側の率直なご意見を伺えてよかったというところです。やはり，ご自分の高校だけではなくていろんなところを御存知なので，実態は多様なのだなということを，改めて実感しました。多分，局面を限定して，ここのことはどうなんだろうという話をしていかないと，高校の実情は1つのプリンシプルで語れないのではないかなと改めて思った次第です。以上です。

**秦野進一特任教授（司会）：**
それでは，宮本先生お願いいたします。

**宮本友弘教授：**
今日，私の発表では，エビデンスとして，高校側の意見を尊重するということを強調しました。発表中も申し上げましたが，それだけで決めているわけではありません。さまざまなエビデンスを重ねて，それと学内での議論を踏まえていろいろな決定を下しております。ただ，今回の高大接続改革，特に英語民間試験及び記述式問題，それと主体性評価，これらに限っては，これまで以上に高校側の意見を尊重すべきだと私は個人的には思います。今日最後の杉山先生のご発表を聞きまして，その確信が強まりました。以上です。

**秦野進一特任教授（司会）：**
それでは，安成先生お願いいたします。

**安成英樹教授：**
取りとめもない話をしましたので申しわけなかったですけれども，1つ，この新しい入試を入れるときに想定した相手というのが3者いたと思っております。仮想敵というのはちょっと表現としてきつ過ぎますけれども，1つは文科省です。文部科学省には，このAP経費というのを採択してくれないと，本学の計画をとってくれないとだめだと，そのために文科相が旗を振っている主体性といった要素，これから期待されている評価基準を積極的に入れざるをえなかったという要因がございます。

それから，第2の敵（敵はまずいかな），相手としては大学教員です。要するに，やる側がやる気にならなきゃいけないという問題があります。このへんが弱い。宮本先生のお話にあったとおりで，学内広報というのがものすごく大事なんですね。先ほど言いましたように機密性というか守秘性というか，入試に関わっていない人は例えば今年何を出すなんてことは知らないほうがいいに決まっているんですが，ただ選考の方法が非常に複雑になればなるほど，そのへんの意識，意思の疎通というか，制度的な理念の理解等が必要になると。

ただ，これがうまくいっていないというのが，実は大きな課題として残っております。だから，２番目の敵が一番手強いというのが正直なところです。昨今大学教員は完全に疲弊していますので，とにかく新しい仕事が来るだけでもう嫌というふうに，ネガティブに反応するわけですね。何でそんなことやるんだと。また理論武装がうまいんです，職業柄です。そういう意味で，そこを説得し，ひたすら耐えていくということが必要になるということです。

もう１つは，やっぱりこれだけいろんな仕掛けを組み込んでお店を構えても，これを受けてくれなければ何の意味もないわけです，受験ですので。そういう意味で，本当にこんなたいへんな入試を受験生が受けに来てくれるのか，という点については学内からもさんざん批判を受けました。誰も来ないよ，と。

ただそこは，入試実施状況，とくに参加人数を見れば，幸いにしてある意味でかなりクリアできていると思っております。ただこれも，なぜなのかという原因，それこそエビデンスが欲しいとずっと考えておりますけれども，なかなかよくわからないのです。それに付随して申し上げると，特別選抜に関しては，やはり高校の先生方との協調というか協働というか，そういうものが不可欠だなと思います。というのは，いろんな高校にヒアリングに行ったときに，どうしても一般選抜を目指すとお答えになるところ，はっきりとそうおっしゃるところが結構ありました。

１つは，この新フンボルト入試に対して入試対策をどう立てますかと言うと，本当に高校の先生方はお困りになるだろうと思います。そういう意味で，この入試にとっては，言葉は悪いのですけれども，高校の先生方の考え方でちょっと道が閉ざされる可能性が若干あります。入学者というか合格者に聞きましたけれども，高校の先生からこんな入試があるよというふうに勧められて受験した人は，まあほぼいない。むしろ，自分で見つけてきて先生を説得して受けました，やっとなんとか，初めは否定されたけれども，なんとか受けられましたとかという回答が非常に多かった。そういう意味では，本当の意味での高大接続が必要なところがあると思っております。長くなりましたが，以上です。

**秦野進一特任教授（司会）：**

それでは，笠井先生お願いいたします。

**笠井敦司教諭：**

先ほど倉元先生がおっしゃったように，居心地が悪いと表現されましたけれども，それすごくよくわかります。妥協の芸術と倉元先生はおっしゃいましたけれども，まさに高校現場でも，妥協の芸術まではいきませんが妥協の産物で，普段の指導もあって入試の指導となれば，かなり過重な負担を強いられます。特に医学部とかになっちゃいますと，かなり時間も限られていますし，なかなかその労力というのは大変なものがあります。ですから，生徒にはアドミッション・ポリシーとかを読ませて，ここにこう書いてあるんだからという形で，創造的思考力なんだぞというふうなことを，その都度言うために読んでいるというようなところはあります。ですから，それをもう原理主義的に，そこから問題を考えるというのはとても無理ですので，さっき言ったパズル型，ブラックボックス型というふうな，いろんな大学の問題を，それをタグ貼りして，その問題を改編して弱いほうを補強していくというような形で実際やらせています。本当に現実問題，一般入試の勉強もありますので，先ほど宿題にしないと言ったのは，生徒から時間を奪わない，その場で完結させてしまう，という意味です。宿題にすれば彼らは，それにばっかり労力を割きますので，そういったところで現実を見て，ここは妥協して最小限の労力といいますか，持続可能な労力でやっているというような状況ですので，あまり原理主義的になってしまうと疲弊してしまうというのは，高校現場も同じかなと考えています。以上です。

**秦野進一特任教授（司会）：**

それでは，杉山先生よろしくお願いします。

**杉山剛士校長：**

私個人のことを言うと，ちょっとしゃべり過ぎたかなと思って反省をしているところであります。気を許して，いろいろ思い切っていろんな話をさせていただきました。

また，先生方の話を聞いて本当にいろいろ，そうだなと思うことがありました。例えば，今，安成先生と笠井先生の話ですけれども，対策を立てられないように安成先生のほうでは新フンボルト入試をやっている。一方で，笠井先生のほうは生徒のためにいろいろ読み解いてやる。この辺も，これからの近未来の入試について，我々の指導の方法としても，どうあるべきなのか考える必要があるでしょうね。それから，やっぱり高大接続改革については，共通しているのは，理念は悪くないよね，だけれども，その具体化する方策というのはどうだったのということが多分，これ共通の認識だと思うんですよね。そのために，大学入試学というのが学問体系として今取り組まれようということについて非常に感銘を受けて，ぜひその成果に期待したいなと思いました。以上です。

**秦野進一特任教授（司会）：**

ありがとうございました。

**伊藤博美特任教授（司会）：**

それでは，私のほうから幾つか質問させていただきます。初めに，倉元先生と宮本先生に質問が来ておりますが，先ほどのお答えであったかもしれませんが，昨年度，急転直下，共通テスト記述式問題が延期されましたが，当初は実施も念頭に置き，AO Ⅲ期の内容とタイムスケジュールを模索していたことかと思います。エビデンスに基づき，東北大学としてどのような準備をなさっていたのか，ご質問させていただきます。方針転換で状況が一変して，必要のない議論かもしれませんが，その当時のことについてお聞きしたいということです。それでは，倉元先生お願いします。

**倉元直樹教授：**

自己採点利用方式の話ですね。おそらくそれに関するご質問だと思います。要は，細かい話になってきますけれども，記述式が導入されることによって大学入試センターから共通テストの成績が提供される期間が延びるということで，非常に短期間で実施しております本学の AO 入試Ⅲ期が，今までどおりにできないという問題に直面しました。その中で，どうしようかということで，何とかひねり出したのが第1次選考は自己採点を利用させてもらうというやり方だったのです。これ，裏を申しますと，大激論でした。最終的に納得しない，とにかく「何人受験して来ても，全員第2次選考をする」と意気込んでいた学部もありました。その中で，いよいよ具体的にどういう方式でやろうかと話を始めていたところだったので，実は，大変ほっとしたのです。その具体的なアイデアは，まだ私の頭の中にあった状況で，それから具体的に議論しようというタイミングでした。まさか，その時点で記述式の導入が見送りになると思っていなかったものですから，非常に正直助かりました。

もしもあのまま行っていたら，多分，この1年，……もし，コロナがなかったらということもあるのですが，……具体的な作業に追われていた状況だったと思います。正直，そんな状況でございました。自己採点を使いたいという人は誰もいないわけですから，これは本当にありがたかったです。

**伊藤博美特任教授（司会）：**

宮本先生，お願いいたします。

**宮本友弘教授：**

なぜ自己採点方式を導入してまでAO入試を維持しようとしたか，その背景を補足します。私ども東北大学ではAO入試の定員が全定員に対して30%になることを大学の目標としてまいりました。それは国大協とかでも目標値として設定されていますが，それを実現するために何としてもAO入試をこのまま維持，更に拡充していくという方針が大きく背景としてはございます。その甲斐がございまして，2021年度入試では30%を超えることができました。以上補足でした。

**秦野進一特任教授（司会）：**

それでは，次に安成先生，杉山先生，笠井先生に，ご発表の補足説明の質問が来ております。

安成先生ですが，興味深く聞かせていただきました。気になったのは，プレゼミナールの入試対象者の選択方式で，特にどのようにして基礎学力を担保するのかが気になります。ご説明があったのかもしれませんが，受験者の選出方法をお教えください。プレゼミ受験者から図書館演習の対象者を選出する方法は，どのようにするのでしょうか。

それから杉山先生，難しい質問だと思いますが，「問題の本質は何か」で挙げられた「高度な想像力」は，どうやれば身につけることができると思われるでしょうか。

それから笠井先生，生徒の資質・能力を育てるという教育の本道に共感いたしましたと。もっと具体的に指導法のノウハウをお聞かせいただけますでしょうか，よろしくお願いいたします。

それでは，安成先生からお願いできますでしょうか。

**安成英樹教授：**

第 1 次選考は，プレゼミナールに出席してもらうことがマストということで実施をしてきました。そして，受験生だけは授業を 2 コマ聞いてもらった後に教室に残ってもらってレポートを書いてもらいます。最初は，ミニレポートと称して30分でしたが，あまりに短か過ぎるというか，受験して合格した子から鬼畜の試験だったと言われましたので，今は延ばして60分になっています。

ただ，このレポートだけで決まるわけではございませんので，生徒さんが出された志望理由書，それから活動報告書も当然評価の対象にいたします。ただ，これが非常に評価するのが難しいということは 2 年前のフォーラムでも議論になったところだと思います。

それから公募段階で AP 経費をとるために，文科省から外部外国語試験を必ず使えというのが必須要件として課されましたので，やはりこれを提出していただくことになっています。ただし，基本的には全て加点主義ですね。全部そろっていなければだめだとか，活動報告書には 5 つも項目が立ててありますが，それを全部埋めなきゃ出願できないなんていう，そういう仕組みにはなっておりません。むしろ，高校で何を学んでそれを将来にどう生かそうとしているか，あるいは大学に入って何がしたいのかというようなことを，その書類の中から我々は読み取ると。そして，特に基礎学力としては英語の検定試験を一応課しておりますので，それは評価対象となります。ただ，種類だけを指定しておりまして，例えば何級以上だとかそういうようなスコア・級を要求しているわけではございませんが，ともかくそれを出していただく。ただ，一般選抜に比べて特別選抜で学力の担保というのが非常に難しい課題であるのも，これはもう当然だと思っております。ということで，お答えになったでしょうか。

**秦野進一特任教授（司会）：**

ありがとうございました。それでは，笠井先生お願いいたします。

**笠井敦司教諭：**

具体的にもう少し例を挙げますと，大学の総合問題とか小論文問題が１冊になっている本というのは，どの進路指導部でもあると思うんですけれども，それを基本的にはベースに使います。あとは新聞の報道とかを使います。あとは，各省庁が出している白書に載っているグラフであるとか，そういったものをピックアップしてネタにしています。

考え方としては，先ほど言ったようにブラックボックス型，パズル型と，それから内容として医療と医療以外で４象限にしまして，医療ネタのブラックボックス型，医療のネタのパズル型，医療以外のブラックボックス型とパズル型という４象限を自分の中で置いて，それをバランスよく生徒の得意，不得意に応じて出し入れをする，ネタのストックを持っておいて，順番を入れかえて差しかえてというふうにやっています。

医療に関しても，例えば遺伝子診断などについてとか，あるいは保健・医療のネタであるとか周辺的なネタもあえて意図的に仕組んで，自分の知識の足りなさをあえて思い知らせるというような形でもやっていて，そこで例えば周辺の知識が足りなければ，じゃあこれ読みなさいというような形で，知識を入れると言えばちょっと語弊がありますけれども，そういうふうに本人が足りないという自覚したら，じゃあこれ読んでみなさいというような形で展開していくように設計をするというような形です。

ただ，本当に簡単に言うと，この原理から追っていって，このパズル型，ブラックボックス型と選ぶのは，そのほうが楽なんです。この視点で選べば，ああこれだ，これだというふうにすぐ選べるんです。それをすぐ使えるので，ちょっと語弊がありますけれども，こちらも楽なんです，こうすることによって。生徒も，先生が何を意図してこの問題やらせているかというのがもうわかるので，お互いそれが，「先生，じゃあちょっと宿題ください」とかと言う子もいます。「じゃあ本当にやる？　でもあまり時間かけないでね」とかというふうに生徒と合意形成をして，「宿題，先生もう１本ください」みたいな感じで，「えーっ」ていう感じで，また一生懸命探したりはしますけれども，そういう形でやっています。

一例を挙げると，医療と関係ないネタだと，おもしろかったのは，会社にコーヒーサーバーを導入すると業績が上がるという売り文句で売りに来た営業マンの話は信じていいかという問いを出して，その相関があるという図があって，本当にこれはそういうふうに言えるだろうかというようなことを書かせたりとか，全く医療と関係ないものはそういうものとか，その場で考える，知識がなくても考えられるもの，あるいは逆に知識がないと答えられないものというようなこともちょっと加味して，問題を片っ端から探して，改題したりしてやっています。このようにこちらも，持続可能で，隙間時間でぱっと選べるような工夫はとっています。そんな感じです。

**秦野進一特任教授（司会）：**

それでは，杉山先生お願いいたします。

**杉山剛士校長：**

ご質問ありがとうございます。本当に本質的な質問ではないかなと受け止めました。発表の中で，高度な想像力が必要だと，じゃあどうしたらそれが身につくのかということだと思うんですね。私これ，本当に日本の教育の大きな，教育研究も含めた大きな課題だと思うんですけれども，よりよい教育にしていくためにやっぱり高い視点，幅広い視野，その知見が必要だし，もう１つ一方で，やはり教育という営みがなかなか難しいですから，その難しさを知っていること，そして人の痛みというのがわかる，この両面が必要だと思うんですよね。意外とその両面が今分かれちゃってきている部分があると思うので，どういうふうに今の制度の中で融合できるかということが大事だと思います。

例えば行政担当，ちょっと物を言っちゃって申し訳ないです，例えば文科省の行政の職員が教育現場に出向するときに，各地方の課長とか，そういうポストで来るんですよね。それでは本当の現場感覚はわかりません。そうではなくて，例えば現場の先生としてやるとか，1週間でも2週間でも一緒に教育実習ではないけれどもやるとか，そういうことをやるだけでも違うと思います。文部官僚はやっぱり非常に知見がありますので，そういった知見と同時に本当に現場の感覚をつかんでいただくことが，大事だと思います。

一方で現場の教員も，やっぱり現場に埋没しちゃうとまずいと思うんですよね。何か現場だ現場だ，みんな現場知らないのかということで終わっちゃだめなわけで，やっぱり現場の中にも変えるべきことがあるわけですから，もう少し視点を高くする。そういう点では，例えば現行でも教職大学院という仕組みがありますけれども，そういった研究とか幅広い視点というものを，できたら主体的にそういった場に行って広げるような，そういった実効性のあるような取り組みができて，お互いに少し歩み寄りというか，融合できればよくなるんじゃないかなと思います。以上です。

**伊藤博美特任教授（司会）：**

ありがとうございました。それでは続きまして，宮本先生にご質問が来ております。主体性評価で調査書の活用について賛成が少ないのは，本人のチェックシートと調査書の整合性の曖昧さや，調査書で主体性が測れるのかという疑問，更には調査書という形で主体性を測ることの妥当性に疑問があるのではないかと思います。また，主体性を育てることと逆の効果をもたらすことになるのではないかという危惧もあります。調査書を使うことの妥当性について，調査書を使うことでの悪影響について，その2面についてどのようにお考えでしょうかという質問です。

**宮本友弘教授：**

調査書が選抜資料としてどの程度妥当性があるものか，信頼性があるものかというのは，議論としては古くからありまして，それこそ倉元先生はその研究もなさっています。ここで一番問題になってくるのは，主体性という態度的側面ですよね，それを入試というハイステークスなテスト，人生左右するようなテストの場面で評価するということ自体が，そもそも問題があるのではないかということです。調査書だろうと何だろうと，e-Portfolio でもいいですよ，今はないかもしれませんが，入試で評価されるよとなったら，生徒たちは，だったらボランティアやっちゃおうかなとか，全然自分が思っていないことに手を出したりして入試を有利に進めよう，評価されるように自分を振る舞ってしまおうとする。大学入試で，こういうものを採用するときに起きてしまう弊害の1つだと思います。

これは杉山先生のエッセイのくだりの話であったのですが，そもそもこの時期というのは発達段階でいうと自分のアイデンティティを確立する時期です。アイデンティティというのは一朝一夕ではすぐにはできません。すぐにはできなくて，ああでもない，こうでもないといろいろもがきながら，そしてなかなか時間的展望も持てません。思いつきでやったことが，これもなかなかおもしろいじゃないか，大学行っても続けようかなとか，じゃあこれをできるのはどこの大学だろうというような形でなっていくわけです。そういった，高校生として，もっと言えば人間の発達において自然に行うことが，阻害されるような，そんなような状況を生み出していたと私は思っております。ですので，調査書云々というよりも，主体性という側面を入試で測る，評価するというところにそもそも問題点があったのではないかと私は思っています。

**倉元直樹教授：**

ちょっと補足をさせていただいてよろしいでしょうか。おそらくご質問なさった先生は非常にまじめに考えておられるのですが，私どもの仕組みを，多分，十分にはご存知ないのかなと思います。先生方にも安心して調査書をつけていただくような工夫はしています。ここでは申し上げられません。入試説明会のような場で申し上げるような話です。

もう1つは，いわゆる合否で同点に並んだときのみ，その主体性のチェックを使うという利用方法です。つまり，一言で言えば，「主体性評価のために日常生活を意識して変えることはないよ」というメッセージです。そんなことを意識するくらいだったら，1点でも多くとれるように勉強しなさい，ということです。ただし，いざ出願，チェックするとなったときに自分の良心に呵責がないような，楽しい充実した高校生活を送ってください，そういうメッセージに尽きるんです。ですから，そのへんまでご理解いただければ，先ほどの調査書を裏づけにするという件も，さほど問題なく誤解を解消できるのではないかなと思います。このへんがやはり通じにくいところで，高等学校に調査をしても私どもの仕組みに賛成が少し少ないということになっているのかな，と思います。

**秦野進一特任教授（司会）：**

ありがとうございました。それでは，次の質問，ちょっと大きな質問ですが，最初に高等学校の先生にお伺いしてそれに対して大学の先生方はどのようにお考えになるかというふうになります。杉山先生の最後のスライドに，「本来の高大接続」という表現がございました。本来の高大接続に向けての取り組みがなされているかと。高校が大学に期待すること，つまり本来の高大接続というのはどういうものか，高等学校としては大学に何を期待するのか。そして，それについて大学はどのように応えることができるのかという質問です。

笠井先生と杉山先生，ちょっと大きな質問で難しいかもしれませんが，本来の高大接続とはどのようなものか，大学に何を期待するか。そして，それを受けて大学の先生はどのようにお考えになるかということです。笠井先生，杉山先生，どちらの先生が先でも構わないんですが，お願いいたします。

**杉山剛士校長：**

では，私のほうから話をしたので，申し訳ない。本来の高大接続はあのときに，ちょっと大上段でお話しをしますと言ったんですけれども，定義というのも定まっていませんよね。

ただ，あのときお話ししたのは，1回しかない人生をどういうふうに生きるのか，それをやっぱり考えさせる。ひょっとするとキャリア教育の側面かもしれない。方法とするとエッセイを書けること，という話をしました。やっぱり，何か知識を知っているということじゃなくて，その知識をどう活用するかということもそうですし，どうやって自分が生きるんだという，今主体性評価にも関わると思うんですけれども，そういったことをやっぱり考えさせるということが大事だと思うんですよね。高校もそういうことを考えさせて，大学に送り出していく。そして，大学側もそういった人生を生きる使命というか理念とか，そういったものを持った生徒を育てていくということだと思うんです。

問題なのは，どうやってそれを測るのかということだと思うんですよね。私は先ほどエッセイという話を1つしましたけれども，AO入試なんかでもいろんなインタビューとか，いろんなヒアリングを通して，その生徒が持っているいろんな側面とかパッションとか，そういうものを引き出そうとしていると思うんですよね。新フンボルト入試もそうだと思います。それから，今東北大学がやられているAO入試もそうだと思います。そういった手間をかけながら，いろいろな対話を通して，やっぱり生徒にも考えさせながら，生徒の生涯の志というか，そういうものを引き出していく。同時に，それをやっぱり大学側でも，それをベースにしながら教育していくということなのかなと思います。ちょっと抽象的な答えでとどまっていますが，よろしくお願いいたします。

**秦野進一特任教授（司会）：**

ありがとうございました。笠井先生，いかがでしょうか。

**笠井敦司教諭：**

私が今日お話ししたもの，資質・能力を高めるというのは決して何も社会に有為な，使える人材を育てるために資質・能力を育てたいと思っているわけではなくて，ただ昨今の改革のニュアンスというかテイストとしては，大学は，何かイノベーティブな人材，使える人材をつくるための人材育成機関的な色彩を強く要請されているような印象を受けます。その流れで接続してくるので，じゃあ高校段階でこういう力をつけてきてくださいというふうな表面的な人材育成というようなところで接続しちゃうと，またそれはちょっと違うのかなというふうに思っています。

それよりも，やはり人としてというか，これからの未来をどんなふうに生きていくのか，どんなふうに価値をつくっていくのかという，そういう人材になるために，そういう人間性をはぐくむために，資質・能力を育てたいなと思っているので，浅い意味での人材育成ということではつながっていたくないなと。大学の教育では，もっと本質的な部分をやはり今までどおりやってほしいし，そこにつながっていきたいなと思うので，その資質・能力という言葉が非常にどっちにとられているのかなというのは……。社会の中で，今議論している中で，そういった表層的な意味で，この言葉をとられると嫌だなと感じているので，本質的な意味での資質・能力の育成をお互い握り合う，そのためにはそういう対話が必要かなと思っています。

**秦野進一特任教授（司会）：**

ありがとうございました。それでは，大学の先生方，今の高等学校の先生方のご意見についてどうでしょうか。では，倉元先生お願いします。

**倉元直樹教授：**

もしかしたらきちんと直接的な答えとして捉えられないのかもしれないのですけれども，お話を伺いながら思っていたのは，やはり，「入試に課さない」ということが大事なんだな，というところです。つまり，「試験あるところに対策あり」なんです。これは絶対にそうなります。「これで合格が決まる」となったら対策します。「人生について考えろ」となったら「人生について考える対策」をします。だから，おそらく選抜に使うツールというのはそこまで深みのないもののほうがいいのだろうと思います。

あと，杉山先生がおっしゃった「エッセイを書ける」能力。これは大事なことだと思うのですが，それを身につけるのがどのタイミングだったらいいのか，人によって違っていいのではないかな，と思うのですね。高校生のときにそういうものを書ける人，大学で学んでそういうことが書けるようになる，あるいは，……もう，この年になっても，まだ私なんか書けないかもしれないですね。そこがやっぱり「教育」というものの真髄なんだろうと思います。その中での入試の役割ということをもう一回考え直したほうがいいのかな，と思います。

つまり，全てのことを測るということはできないという現実，その中で大学にとって必要なもの，高校で学ばせてほしいものを考えるという，そういう仕分けが必要なのかな，と思って聞きました。

**秦野進一特任教授（司会）：**

安成先生，いかがですか。

**安成英樹教授：**

とても難しい問題なんですけれども，高大接続が大事だというのは，やっぱり入試の重みがあまりに過剰に重くなっていたというか，そこで要するに将来までそこで，どこの大学に入るかで決まるというような風潮に対する強烈なアンチテーゼとして出てきたんじゃないかと私は思っております。そういう意味では，先ほど杉山先生からもありましたように，今の流れ全体が，主体性が大事であるとか知識や技能だけではないものを求めるべきだということが強調されていますが，これは総論としては確かに正しいと思うのですが，ただ大学入試でやっぱり評価の基準としてはいけないというのは，これはもう倉元先生と全く同じ考えでおります。

とはいえ，とにかく一般選抜までそれらを評価しろと上からもう，投網をかけるように大学側は求められていますので，非常にそこが苦しいところで，今でも悩みが深いところです。

先ほどから紹介しているお茶大の新フンボルト入試に関していえば，主体性というべきものは，この入試をあえて受けようとしたこと自体に十分なる主体性があると我々は考えていると，それで十分じゃないかということです。むしろ，自分が単に大学に入りたい，だけじゃなくて，本当に何をしたいのかをじっくり考える，それこそ入試がそういう機会になってくれればいいと考えています。これは多分にきれいごとに聞こえるだろうと思いますし，実施する側と受験する側とは多分，やっぱり当然格差がある問題だと思います。

ただ，そういう意味でなかなか，いわゆる簡単には対策が立たない入試を目指しているんですが，ただ，合格した人は，やっぱりいろいろ高校の先生方にいろんなご尽力をいただいて準備をしたということも聞いております。だから，結局これはイタチごっこだなというのが偽らざる感想ですというところです。

**秦野進一特任教授（司会）：**

宮本先生，いかがですか。

宮本友弘教授：

とても難しい質問ですけれども，まず1点目は，これは今の高大接続改革に対する批判的なコメントになると思うのですが，学力の三要素，これを全部の発達段階に当てはめて考えるのはどうかなと思っております。先生方ご存知かと思いますけれども，幼稚園教育要領や保育所保育指針にも学力の三要素って書いてあります。幼児から大学入試まで全部同じ概念で通そうとする，それを評価しようとする。先ほど申し上げたように，例えば，主体性の中の核となる動機づけは発達段階でだんだん変わっていきます。児童期は何でもかんでも頑張ってしまうけれども，発達とともに人間というのはいろんなものが分化，分かれていきます。そういう発達の観点が，先ほど杉山先生は理論武装がなされていたと言っていましたけれども，ちょっと発達の視点が弱いのかなと思います。

やはりスムーズな高大接続ということを考えていく場合は，この18歳のとき，一体どういうことが発達課題として重要なのか，そういったことをよく考える必要性があると思います。私は心理学が専門なので，ついつい心理寄りの発言をしてしまいます。高校側にお願いしたいこととしては，高校生が大学生になって退学しちゃう大きな理由としては，不本意で入ってきた場合なので，その大学を選択して来ることをエンカレッジするような，そういうようなことをしていただくことが先決ではないかなと思います。やはり来てよかったと思わせるような，それは我々の宿題でもありますが，そこのあたりを一緒に知恵を絞って考えていくことが大事なんじゃないかと思います。以上です。

秦野進一特任教授（司会）：

ありがとうございました。

伊藤博美特任教授（司会）：

それと関連しまして，笠井先生にですが，先生のお話の中で入試対策は集中特化型授業だというお話が最後にあったかと思います。単なる入試対策にとどまらずに学びのおもしろさをそこで高校生が実感し，それが授業にフィードバックされていくと，それで学びが深まっていくというお話，非常に感銘を受けました。それに関連しまして，そうしたやり方を例えば生徒の指導に生かすためには教員の力が要求されますが，高校内であるいは高校を超えてどういう取り組みが必要で，どうやってその共有化を図っていくのか。あるいは，そうした構想が具体的にあるのか，現場の高校の先生たちが知りたいことはそういうことではないかと思います。それについてご意見いただければと思います。その後に続けて杉山先生にもちょっと補足いただければと思います。

**笠井敦司教諭：**

集中特化型授業をやることによって，生徒も気づくし私も気づきます。普段の授業で足りていないことが，すごく反省としてわかります。生徒は，「ああこれ現代文で読んだのとつながる」みたいな形でだんだん課す課題によってつながっていく瞬間があるのと同時に，自分の授業がとても，ある意味試験範囲を終わらせるためみたいなことをやっているな，といった反省もあります。

お互い気づくという形で，普段の授業を変えたいというふうに自分も思ってくるし，生徒は学んだことをいろいろつなげたいとやっぱり思ってくれていると，それで成功なのかなと思っています。実際に授業に対策で使ったものを試験的に生徒に読ませてみたりとかも，やっています。2～3人でしかやっていなかったですけれども，40人でやるとどうなるのかなみたいな形で実践したりしています。それは投げ込みのイベント型でしかないんですけれども，それをどう設定していくか，ちゃんとデフォルトで設定していくかというところに私は課題を感じていますが，可能性も同時に感じています。

生徒には，とは言ってもじゃあ授業を飛び越えて何でもやってみようというのは，時間的に部活もあるし，塾にも行っていますし。今，総合的な探究の時間というのもあり，そことどうつなぐかということが課題ですね。学校のカリキュラムで発展的な学びが担保されている時間というのは総合的な探究の時間なのですが，そこは意外に進路とはつながらないんですね。つながりそうだけれども，なかなかつながらない。だから，そこもちょっと難しい問題だなと思いながらも，その探究をどう生徒のそういう発展の場にするかというところに課題があるのかなと思っています。同時に可能性でもあるのかなと思っています。答えになっているか，ちょっと自信がないですが。

**伊藤博美特任教授（司会）：**

ありがとうございました。杉山先生，補足などありましたらよろしくお願いいたします。

**杉山剛士校長：**

教員の読み取る力とか，そういった指導力を上げていくにはどうしたらいいかという受け止めでよろしいでしょうか。

**伊藤博美特任教授（司会）：**

それで結構です。

**杉山剛士校長：**

ちょっと経験的なお話になりますけれども，自分の学校で生徒と向き合って，そこでいろいろ学んでくることもあるんですが，学校の枠を超えてネットワークを組むことによって，そこからいろんな気づきを得るということが経験的にもたくさんあります。

埼玉県にも協調学習という主体的，対話的，深い学びというもの，例えば国語の先生は国語の先生で自分の学校だけじゃなくていろんな先生たちと対面であったり，あるいは今この時代ですから，ICT を使っていろいろ議論をしたりするんですね，当然進路の問題も含めて。そういうつながりができると，すごくいろんなことに気づかされたり，指導力が上がってくるということがありました。

それから，校長になってもそうなんですけれども，自分の県を越えて，これはボランタリーなネットワークですけれども，例えば首都圏の学校で校長先生でお互いに横のつながりをつくろうよということで，首都圏でネットワークをつくりました。勉強会や協働した教育活動をしましたが，やっぱり自ら進んでそういうネットワークをつくろうというのは，いろんな問題についていろいろ話をして，いろんな気づきがあって，そのことがすごくためになったという気がします。

東北のほうにも呼ばれて，そうした動きを広げてくださいというので1回お邪魔したことがありますけれども，やっぱり自ら進んでそういうネットワークをつくろうというのは，すごくいろんな気づきや指導力を上げていくような気が経験的にします。すみません，ちょっとお答えの1つですけれども，よろしくお願いいたします。

**秦野進一特任教授（司会）：**

ありがとうございました。それでは，倉元先生，大学入試学について1つご質問が来ております。大学入試学の今後の展開に大いに期待いたしますということです。ご質問は，大学入試センターが大学入試を専門的に扱う唯一の国家的組織ですので，大学入試学で今後培われるであろうエビデンスなり知見が個別の大学にとどまるのではなく，ぜひともそれらを取りまとめる大学入試学の全国的センターとして，大学入試センターが機能することを願いますが，先生方のご意見はいかがでしょうかということです。

**倉元直樹教授：**

私もかつて大学入試センターというところに所属をしておりまして，OBですので，あえてOBとして申し上げたいのは，やっぱり大学入試センターにいる研究者の先生方には，入試を大事に思ってほしいという1点です。

研究者というのは，やはり自分の専門というものがあります。専門として「大学入試学」という看板を掲げるのは相当勇気がいるのですけれども。だから，大学入試センターの先生方も別な分野をまず基礎学問として専門にしていると思うのです。ただ，そのついでに入試も扱うという態度でいられると，困ります。現場は，本当にある意味，命まではかけないとしても，人の運命をかけて必死でやっているのですから，そこのところをまず分かってほしいなと思います。そのためには，一度は現場に降りてきて，実情を知った上で研究をやってほしいと思います。あえて一番辛口のコメントにしましたが，そういう大学入試センターであれば我々信頼できる，信頼していろんなもの預けられるかなと思っています。是非，そういうふうになってほしいと期待しています。

**秦野進一特任教授（司会）：**

ありがとうございました。残り5分ほどとなりましたので，最後に，登壇した方々お一人1分程度で，皆さんにお伝えしたいこと，あるいは今日の討議に参加してお考えになられたこと等をお話しいただければと思います。倉元先生は今お話ししたばかりですので，最後にお願いいたします。それでは，宮本先生からお願いいたします。

**宮本友弘教授：**

受験勉強というのをどういうふうに高校生たちが今後認識できるかということが，すごく大事だと思っています。受験勉強は，それは大学に入るための勉強ですけれども，それを意欲的に取り組んでいる場合があります。必ずしも課せられたものだからというわけじゃありません。また，受験勉強を通して人が成長するというような研究結果も出ています。なので，もうちょっと受験勉強というのをポジティブに捉えていくということも1つ大きいことじゃないかなと思っています。それが，新たな入試を生み出していく1つの要素になっていくのではないかと思っております。以上です。

**秦野進一特任教授（司会）：**

ありがとうございました。安成先生お願いいたします。

**安成英樹教授：**

入試に携わっていて思うのは，本当に非常に高校生にとって重荷になっているというところが強く感じられます。何よりも，結局最終的には入りたい大学よりも入れる大学という選択肢をとってしまうんですね。これは，入学後のモチベーションにも相当影響してくると思います。そういう意味では，自分はそもそも大学へ何のために行くのかとか，大学へ入って何をしたいのかということを明確化させるという営みは，これは高校側でかなり力を入れていただければいいなと思っておりますし，一方大学側は，うちはどういう大学だというような，そういうことをもっと明確に情報発信をしていかなきゃいけないと思っております。ただ，本当にこれはもう課題としてはわかっているんですが，なかなか難しいと思っております。

**秦野進一特任教授（司会）：**

ありがとうございました。笠井先生お願いいたします。

**笠井敦司教諭：**

先ほど宮本先生がおっしゃった言葉で，入試を通じて，勉強を通じて成長するというお話をいただきましたけれども，本当にそうだなと思います。私が最悪だなと思うのは，例えば推薦を，例えばフンボルト入試とかを受けた後に，あんなの受けなければよかった，時間がとられたと思ってしまうような指導をしていると，それは指導者が悪いのかなと思います。

一番いいのは，受かることはもちろんそうなんですが，先生，落ちたけれども，すごくためになった，次絶対一般で受かりますというふうに力強く言ってくれたときには，やっぱりモチベーションが上がって頑張ってやっていける，前向きになったなというふうに，成長したなというふうに感じるときが一番指導者としてはうれしいです。そういうような指導を先ほど言ったような視点で可能な範囲でやって，生徒をその気にさせて生徒が成長していくということが，やっぱり大事なんだなというふうに感想を持ちました。以上です。

**秦野進一特任教授（司会）：**

ありがとうございました。杉山先生お願いいたします。

**杉山剛士校長：**

本当にありがとうございました。議論を聞いていて，先ほど高大接続，本来の高大接続とは何かという話とか，主体性評価とは何だという話をまた改めて聞いて，そうなんだなと思うことがいっぱいありました。ありがとうございます。

先ほど，たった1回の人生で一体何を成し遂げようとしているのかということを聞いてみようということで，エッセイが大事だというような話をしたんですけれども，実際今私も学校の現場で生徒と面談しながら，一生かけて人生で何を獲得しようとしているのと聞くと，いろんなタイプがいて，結構べらべらと答える子もいるし，何この人言っているんだろうと答えに窮する子もいるんですよね。それはそれでいいと思うんですよ。答えなんかすぐ出ないんだけれども，そういうことをやっぱり考え続ける意味，先ほど安成先生がなぜとかどうしてということをお話しされていましたが，自分の人生ってどんな意味があるんだろうと考え続けさせる。よく何になりたいのまでは考えさせるんだけれども，それだけじゃなくて，どんな職業人になりたいのというところまで考えさせる。そのことは，10代の青少年教育ではすごく根幹にあって，大事なことなんじゃないかなと思いました。

もう一方，それを本当に入試で測るかどうかというのも，今日いろいろ考えさせられましたけれども，入試は妥協の芸術ということがあるので，どこかに落ち着くところがあるのかもしれないんですね。なかなかまじめに考えると，主体性をどう定義してどう測って，それを本当に評価にしていいのかどうかというのは非常に悩ましいところがあるかなと思うんですけれども，妥協の芸術というところもあるので，バランスでうまく落としていくことが大事かな，なんて，いろんなことを思ったりしました。どうもありがとうございます。

**秦野進一特任教授（司会）：**

ありがとうございました。それでは，最後に倉元先生お願いします。

**倉元直樹教授：**

今日，先生方のお話を聞いていて，1つ良いキーワードが思い浮かんだな，という気がしています。それは「考える」ということです。「学ぶ」というのとちょっと違うのかな，という気がします。「考えることを面倒くさがらない子どもを育てる」ということを，高校と大学で協力してやっているのだな，と思いました。そのためには，制度の中でどういった形で入試選抜の資料，あるいは，そこでの難易度というものを設定するかという問題は，結構，技術的だけれども，大事なことなのではないかと思うのです。

つまり，考えなくても通るような入試ではだめだし，考えてもどうやっても無理な入試ではだめなので，それは，多分，我々のところに来たいと思っている受験生の層との兼ね合いだと思うのですが，そういうところを具体的に技術的に落とし込んでいける，そういうようなものにならないと「大学入試学」というのはだめなのだろうな，と思いました。以上，感想でした。よろしくお願いします。

**秦野進一特任教授（司会）：**

ご登壇の先生方，長時間にわたりありがとうございました。少々時間が過ぎてしまいました。本日のこの討議が，フォーラム参加者の皆様の，それぞれの現場での実践に何か生かすことができれば幸いです。本日はどうもありがとうございました。

## 文　献

東北大学高度教養教育・学生支援機構（2021）．IEHE TOHOKU Report 84　第32回東北大学高等教育フォーラム　新時代の大学教育を考える［17］報告書 大学入試を設計する――「大学入試研究」の必要性とその役割――　東北大学高度教養教育・学生支援機構

# 第10章

# わが国の大学入試制度における基本設計の問題

## ——東アジア4カ国，主として中国との比較から——[1]

倉元　直樹

## 第1節　はじめに

令和3年度（2021年度）入試から始まる予定であった高大接続改革の方針転換を受け，ずっと心に引っかかっていることがある。それは，一言で言えば「責任」の取り方の問題である。それは，誰が辞めるとか辞めないとかいう類の話ではない。

たまたまこの年に大学受験を迎えた受験生諸君に大変大きな負担と迷惑が掛かっているのは紛れもない事実である。令和2年（2020年）1月末頃から始まった新型コロナウイルス感染症の蔓延によって事態はさらに錯綜しているが，それは脇に置いておくとしても，無理な制度改革とそのとん挫の結果もたらされた混乱は，自分たちも含め，それに携わる大人の側に100％の責任がある。二度と受験生がこのような不安な毎日を過ごすことがないように原因を究明し，防御策を講じるべきであろう。そのためにできることを模索しなければならない。そういった自問自答のプロセスを「責任」を取るという表現に込めたつもりである。

国レベルでは，いち早く「大学入試のあり方に関する検討会議」が立ち上がって検証が行われている。会議のメンバーを見ると，この改革の意思決定に関わってきた方々の名前も連なっている。したがって，事ここに至るまでの内実をよくよく理解した上での検証がなされると期待している。個別大学

1　本章は，『大学入試研究ジャーナル』No.31に「わが国の高大接続改革と中国，韓国，台湾の大学入試多様化政策——特に中国の入試改革との同型性，共時性を中心に——」と題して掲載された文章に一部加除修正を加え，第2著者の許可を得て再録したものである（倉元・尹，2021）。

のレベルでは，具体的には触れないが，東北大学として受験生の準備に影響を与えるような入試の変更を可能な限り最小限にとどめるため，できる限りの努力を行えたのではないかと自負している。

残るは大学入試研究者としての「責任」である。本書の素材となった第32回東北大学高等教育フォーラムの基調講演の中で「大学入試研究が大学入試政策の立案に十分に貢献できていない」という主旨の反省の弁を述べた。それは，単なる言い訳ではなく，もちろん本心から出た言葉である。このままで済ませてはいけない。将来的にこの分野の研究が少しずつ社会的役割を果たし得るように成長するには，今，いくばくかの勇気を振り絞って，今回の混乱の根源について論じておかなければならない。そう考えて，本書にこの文章を再録することとした。

かなりの背伸びをしてしたためた論考である。当初は，本シリーズ第３巻『変革期の大学入試』第９章「東アジアの大学入試改革――多様化と『基礎学力』保証の両立は可能か――」（石井，2020）を意識しつつも，異なる切り口で論をまとめようと試みた。ところが，推敲に推敲を重ねるうち，気付いてみると，著者である石井光夫東北大学名誉教授が提示されたフレームワークを薄く引き伸ばして借用するような形になってしまった。自らの力不足を恥じるとともに，この場を借りて，深く石井名誉教授にお詫びを申し上げる次第である。

本稿の執筆時点は，コロナ禍の下で初の大学入学共通テストが実施されている時期である。高大接続改革初年度の入試に対する本格的な総括は一定の時間の経過を待たざるを得ない。あくまでも現時点での暫定的な中間まとめとして，来たるべき近未来に一石を投じておきたい。

なお，本稿の内容は全て著者個人の責任に基づくもので，所属組織の公式見解とは一切無関係であることを付言しておく。

◆◇◆

## 第２節　問題

### １．高大接続改革の論理に対する疑問

現在進行中の高大接続改革は，平成25年（2013年）に自由民主党教育再生

実行本部および首相官邸に置かれた教育再生実行会議によってトップダウンで打ち出された。次いで，平成26年（2014年）12月22日に中央教育審議会高大接続特別部会から発表された，いわゆる「高大接続答申」で明確に方向性が定められた（中央教育審議会，2014）。元来，現下の高大接続改革は，高校教育と大学入試，大学教育を同時に改革するという，いわゆる「三位一体改革」を試みたところに大きな理念的特徴があったはずである。ところが，実際には「大学入試を改革することによって高校教育を改革する」という一点が強調され，それに伴って大学入試改革に議論が焦点化されていくこととなった。

改革の問題点は早期から指摘されていた。しかし，当初は改革に対する期待が勝っており，全国紙等の大手のマスメディアが批判的に報道するようになったのは，平成30年（2018年）中頃からと思われる。令和元年（2019年）に入ると様々な立場から懸念が表明され，見直しが要求されるようになっていった。そして，ついに年末には改革の大きな2本柱を失うこととなった。すなわち，まさに「大学入試英語成績提供システム」への受験申込み受付が始まろうとしていた11月1日に，文部科学大臣の記者会見という形で，大学入学共通テストに対する英語民間試験の導入の延期が発表されたのである。追って12月17日には記述式問題導入の見送りも発表された。この2つの出来事により，高大接続改革は大きな転換点を迎えた格好である。12月27日には「大学入試のあり方に関する検討会議」が設置され，令和2年度（2020年度）末を目途として，大学入試のあり方について検討が行われることとなっている。なお，令和2年（2020年）7月には「JAPAN e-Portfolio」を運営する予定であった一般社団法人「教育情報管理機構」の運営認可も取り消されるに至った。

英語民間試験，記述式問題の導入撤回等の方針転換は，かねてから疑問視されていた実施上の困難が導入時期までに解決できなかったことに由来する。しかし，そもそも当初から答申で描かれた高校教育や大学入試の課題がわが国の実情にそぐわないのではないか，という疑念も存在している。例えば，高大接続答申の6年前のいわゆる「学士課程答申」は，急速に進む少子化と大学の定員拡大の中，わが国は大学全入時代を迎えて大学入試の選抜機能が低下し，入試によって学力水準を担保することは困難な状況，との立場に立っていた（中央教育審議会，2008）。倉元（2017）は，高大接続答申で展開されている改革の論理が，むしろ約30年遡った臨教審第１次答申（臨時教育審議会，1985）に酷似しているのではないか，と指摘した。臨教審答申で示された個性重視の原則に基づき，高校教育や大学入試の実情は大きく変化してきた。後述のように，その事実は高大接続答申には全くと言ってよいほど反映されていない。

さらに，学士課程答申は，大学入試センター試験（以下，「センター試験」と表記する）に対して，高等学校段階の基礎学力を客観的に把握する試験として入試改善推進に大きな貢献をしてきた，と役割を極めて高く評価していた。ところが，高大接続答申では，センター試験の試験問題は「知識・技能」を問う問題が中心だとして，突然，廃止の方向性が示された。この突然の評価の逆転も，にわかに理解しがたいことであった。

高大接続答申の拠りどころとなる基本的認識枠組みは「高校教育が受験勉強により歪められている」という構図である。確かに学士課程答申が指摘したような時代の趨勢があるにせよ，現在も大学入試が高校教育に一定の影響力を及ぼしていることは否めない。一方，高大接続答申が立脚する視座は，わが国の歴史上，繰り返し現れてきた「大学入学者選抜の日本型三原則（木村・倉元，2006）」の１つである「高校教育への悪影響の排除」に当てはまる[2]。よく見られてきた大学入試改革の論理である。その結果，センター試験が廃止となり，大学入学共通テストが導入されることとなった。しかし，現状のセンター試験の問題内容が実際に「知識・技能」を問う問題が中心だという前提も，それに代わる「思考力・判断力・表現力」を問う問題に置き換える方法も，実証的な検証を経て確認されてきたものではない。

倉元（2016，2017）は，以上のような不可解な状況を理解する手がかりとして，過度に複雑になったセンター試験の制度的な問題点が，平成24年度（2012年度）入試で起こった大規模なトラブルを経由してわが国における入試制度批判の定番とも言える試験問題の内容への批判とすり替わり，一気に廃止論へと傾いたのではないか，との推論を展開した。実際，それは，高大

2　佐々木（1984）はほぼ同一の内容を「大学入試の三原則」とし，該当部分を「高校教育尊重の原則」と呼んだ（p.8）。しかし，本稿の文脈では，木村・倉元（2006）が「日本型大学入学者選抜制度の三原則」として四六答申（中央教育審議会，1969 / 1971）から引き写した「下級学校への悪影響の排除」という表現（p.16）の方がより適切である。

接続答申をまとめた中教審高大接続特別部会において議論の俎上に上っていた認識であった（土井，2020）。

## ２．東アジアの大学入試改革からのアプローチ

ここまでの議論は，高大接続答申の現状認識と論理に対する疑問に対する１つの解釈として，わが国の大学入試改革に関する政策の流れと記憶に新しい大きなアクシデントの関係から理解を試みたものである。本稿では視点を移して，諸外国との比較によるアプローチを試みる。それは，近隣の東アジア各国の大学入試改革との同型性，共時性の観点である。

中国，台湾，韓国と日本を政策的に類似性の高いグループとして比較するアプローチは南部（2016）や石井（2020）にみられる。本稿は基本的にこれらの諸研究を中心とした先行研究に依拠しつつ，以下の調査で収集した独自資料を加えて構成した。令和２年（2020年）１月６～14日の日程で，著者を含む視察団は，科学研究費補助金挑戦的研究（開拓）「『大学入試学』構築への挑戦――真正な評価と実施可能性の両立に向けて――（研究代表者　倉元直樹）」の一環として，中華人民共和国教育部考試中心（中華人民共和国教育省テストセンター）を含む中国の大学入試実施組織等を訪問し，情報収集を行った[3]。その際，中国の大学入試改革の流れやその具体的な政策内容とともに，高大接続答申発表の約３か月前に公表された大学入試改革に関する政策文書の存在を知った（中華人民共和国国務院，2014）。本稿は，主として高大接続答申をそれと照らし合わせることにより，近隣の東アジア３カ国，特に中国の入試改革とわが国の高大接続改革の同型性および共時性，ないしは，直接，間接の影響について確認することを目的とする。

3　調査団は著者，宮本友弘教授，秦野進一特任教授，末永仁特任教授（いずれも東北大学高度教養教育・学生支援機構）から成る。教育部考試中心，北京教育考試院，上海市教育考試院等を訪問した。教育部考試中心の訪問メモは秦野特任教授，上海市教育考試院は末永特任教授が作成した。

◆◇◆

## 第３節　韓国，台湾，中国の大学入試改革

韓国，台湾，中国，そして，日本の大学入試改革政策の特徴は「多様化」というキーワードにある。いずれも，1990年代から模索され，2000年代に入って様々な施策が打ち出されてきた（石井，2020）。まずは，多様化以前の状況と各国の課題と，どのような多様化政策が行われてきたのか簡単に触れておく。

### １．韓国における大学入試改革の概要

朝鮮半島における近代大学の形成は，1894年の科挙廃止によって始まるとされる。日本統治下で正式に認可された大学は京城帝国大学のみだったが，米軍統治下でアメリカモデルの高等教育が整備された。進学熱が高まる中，1970年代に高等教育の質維持のために定員抑制政策をとった（馬越，1995）。結果的に熾烈な受験競争が大衆に拡大した。韓国の伝統的な大学入試政策は受験競争の過熱の緩和であり，それによって公教育における受験シフトの是正や，受験産業いわゆる「私教育」にかける費用の抑制に主眼を置かれてきた。

韓国では大学入学者選抜制度の大きな改革が何度も行われてきた。かつては大学がそれぞれ独自に課す個別学力検査（大学別本考査）を中心に，国による資格試験的性格を持つ共通試験との組合せで目まぐるしく改廃を繰り返してきた。1981年に大学入学学力考査が登場して，大学別本考査が禁止された。1994年に大学修学能力試験（CSAT）が導入された際には一時復活したものの，2002年からは大学が独自に行う試験は論述考査や面接考査のみが許されることになり，学力検査的な本考査は完全に廃止されて現在に至っている（石川，2011，pp.41-43；姜，2018，pp.26-30）。

現在の韓国の入試区分は，CSAT とポートフォリオ型の調査書に当たる「総合学生生活記録簿」を用いた「一般選考」と，特定の対象に対して行われる「特別選考」に分かれている。時期としては11月から２月の「定時募集」とその前に行われる「随時募集」があり，随時募集では特別選考が多いとされる。現在では，随時募集が７割を占める。韓国の現在の大学入試にお

ける最大の特徴は2008年度入試に導入された「入学査定官制」，すなわち，専門職である入学査定官が書類審査や面接を通じて合否を判定する仕組みである。なお，「入学査定官制」は2015年度からは「学校生活記録簿総合選考」と名称を変えたが，実質的には大きな変化はないとされる（松本，2016，p.31）。

独特のスタイルで多様化を成し遂げてきた韓国の大学入試制度に対して，わが国の入試改革と照らし合わせて高く評価する見方もある（山本，2014，2016）一方で，選抜の信頼性や格差拡大，学力保証の弱さ（松本，2016，pp.34–37；石井，2020，p.180）など，数々の課題が指摘されている。また，極めて複雑で受験する側から分かりにくい制度となっており，李明博政権以降，簡素化の方向性が打ち出されているという（姜，2018，pp.38–40；田中，2017，pp.176–180）。

## 2．台湾における大学入試改革の概要

台湾の近代高等教育システムは植民地時代に作られたが，定員の大半は日本人学生に割かれていた。終戦後はアメリカ型制度を基にした中国近代大学がモデルとなって改革された。高等教育は経済発展と相まって，1960年代に急速に拡大した。一方，大学入試政策についてはアメリカモデルとは全く異なり，入学試験の得点だけに基づいて合否が決められた。基本的に複数の高等教育機関が共同で実施する方式で，最も競争の激しい単科大学・総合大学共通入試（連合試験）は1954年に作られた（以上，呉・陳・伍，1993）。受験生はその成績によって志望大学に振り分けられ，大学が選抜に関与することはなかった。

連合試験は公平性，客観性の観点から評価されたが，激しい受験競争を産み，生徒の興味・関心，創造性等に悪影響があるとの弊害が指摘され，2002年に「大学多元入学方案」の導入によって廃止された。その後，一部に連合試験の流れをくむ「指定科目試験」を用いた「試験配分入学」を残しながら，大学独自の方法と基準で選抜を行う「独自選抜入学」が拡大されていった。2017年時点では，独自選抜入学の1次試験を主目的とした「学科能力試験」を用いながら現在は学校推薦を基礎にした選抜を行っている「繁星推薦入学」が18%，2次選考で募集単位独自の選抜方法が課される「個人申請入

学」が56%，伝統的な「試験配分入学」が27%となっているが，2022年を目途とする入試改革において，「学習ポートフォリオ」を全面的に活用することによって，個人申請入学を70%まで拡大する方針が示されている（以上，石井，2019）。近年の台湾の入試改革には，韓国の影響が強く感じられる。

## 3．中国における大学入試改革の概要

### 3.1. 中華人民共和国建国から文化大革命直後

1949年の中華人民共和国建国当時，中国では非識字率が80%を超えていたという。学校教育制度全体の整備が課題だったが，その中にあって高等教育の再編成は早くから着手された。初中等教育が有償であったのに対し，高等教育は無償，全寮制，大部分の学生に補助金が支給される，等の優遇措置がとられた。また，初中等教育に先んじて1950年に基本法令が制定され，1952年に全国統一入試が導入された。1958年に一度中断した後，翌年に再開され1965年まで続いた。

1966年に文化大革命が始まり，すべての学校機能が停止する時期を経験した。大学は60年代末から70年代初めに徐々に再開されたが，大学入学者選抜は中等学校卒業後に２年以上の労働実践経験を積んだ上で職場の大衆の推薦を受けた者のみを対象として行われた。1977年に文化大革命が終了し，全国統一入試が再開するまで，学力中心の選抜には11年間の空白期間が生まれた。再開した1977年には570万人の受験者に対して入学許可は27万３千人であり，合格率4.8%の狭き門であった。（以上，大塚，1989，2007）。その際には，文化大革命前の学校教育を経験し，下放政策によって学校教育から遠ざかっていた1966～68年卒の「老三届」の成績が上位を占めたという（呉，2001）。

### 3.2. 多様化政策の始まりから2000年代まで

中国で大学進学の構図が大きく変化し，大学入試の多様化政策に拍車がかかったのは1999年に受験競争の緩和を目指した高等教育拡大政策が掲げられてからである。その頃までの高等教育進学率は５%程度[4]であり，文化大革

4　中国の全日制高等教育機関には大学，専科学校，職業技術学院の３種類があり，その他に成人高等教育機関がある。中国当局は進学率を公表していないが，石井（2014, 2017）が独自に推計した進学率には，この３種類の高等教育機関が含まれる。ちなみに，2012年における進学率は46%と推計されている（石井，2017）。

命後はこの狭き門をめぐって熾烈な受験競争が繰り広げられていった。年1回の全国統一入試（高考）が全てであり，必然的に大学進学志望者は高得点を目指して受験勉強に血道を上げることになる。1984年からの推薦入試の導入，1995年全面実施となった科目削減などがこの時期の改革例である。

1999年に受験教育へのアンチテーゼとして「資質教育」と同時に高等教育の拡大が基本方針となって，入試改革も加速度的に進展した。2002年には全国統一入試が共通3科目（言語・文学，数学，外国語）に地方や大学が指定する科目「X」を加えた「3 + X」方式となったが，実際には「X」として「文科総合」ないしは「理科総合」を課すケースが多かった。近年は，単独出題をする省・市も多かったが，負担も大きく，最近は縮小傾向にある。また，2003年からは一部のトップレベルの大学に「独自事前選抜」が認められ，一部の定員に独自に筆記試験や面接試験等を実施し，統一試験と組み合わせて選抜する方法がとられている。独自事前選抜では試験の成績だけではその才能が分からない「偏才，怪才，奇才」を発掘して選抜することが目的とされ，募集人員は小さいが，有力大学が実施していることから，高級中学や社会に対する影響力は甚大だとされる（以上，主として，石井，2014，2017）。

### 3.3. 2010年以降の改革

中国共産党中央および国務院は，2010年に「国家中長期教育改革および発展計画要綱（以下，『要綱』と表記する）」を発表した。「共産党・国務院が教育改革に関してこのような政策文書を作成するのは，現代化を目指す改革開放政策が開始された1978年以降，1985年および1993年に続く3度目（石井，2017，p.244）」ということで，大きな意味を持つ文書だとされる。大学入試制度改革においては，長年激しい受験競争をもたらしてきたとして，試験の分類化，総合評価，多元的選抜の3つの改革方針を示した。試験の分類化とは，4年制大学は全国統一入試，それ以外の高等教育機関は各地方が組織する入試を行うというものである。総合評価とは，全国統一入試と高校卒業試験として各地方で行われる学力水準試験を「2つの根拠」，高校調査書（総合資質評価）を「1つの参考」として，学力検査のみに頼らない選抜を目指すというものである。多元的選抜とは，独自選抜，推薦入試，地方から学生募集をする契約選抜に独自事前選抜をさらに特化させた破格選抜を導入し，入試区分を増やす構想である。

2014年９月３日付で要綱を具体化して工程表を示す「入試制度改革の深化に関する実施意見」（以下，実施意見と表記する）が発表された。実施意見には合格率の地域間格差の是正，試験形態と内容の改革，選抜方法の改革が盛り込まれた。特に募集人員のほとんどが受験する全国統一入試では，従来の「３＋X」方式の「X」として広く利用されてきた総合問題を廃止し，文理合わせて６科目から自由に３科目を選択する「３＋３」方式が採用されることとなった。

改革は2014年の上海市，浙江省を皮切りに開始された。2017年入試には初の「３＋３」方式が実施され，目標年度の2020年度に向けて全国に普及を図ることとなった（以上，石井，2017，2018，2020）。

## 第４節　高大接続改革と中国の大学入試改革

### １．「実施意見」に見られる中国の大学入試の問題点

「実施意見」では冒頭に以下の５点が中国の入試における問題点として指摘されている。１）点数主義が児童生徒の全面的発達に影響，２）１回の入試が人生を決め，過重負担，３）地域間格差，４）初中等教育における越境入学，５）試験点数の加点不正，入試選抜の規律違反の頻発，である。まず，明らかにわが国とは異なる状況から見ていくことにする。

わが国でも大学進学率の地域間格差等が話題になることはあるが，大きな社会問題となるほどではない。一方，中国では文化大革命後，鄧小平の先富論に基づいて格差を容認しながら経済発展を図る改革開放政策をとったため，教育水準の地域格差も大きいと考えらえる。ただし，石井（2014）によれば，地方公立大学は省単位で募集，国立大学も各省に定員が割り振られるので，競争は省内に限られる。そのような制度的背景にあって，相対的に教育水準が高い地域から低い地域への越境入学の問題が起こる。入試の不正は，わが国でも事件として大きく報道されることがある。しかし，ニュースバリューがあるということは稀にしか起こらないということである。社会問題化しているわけではない。

## 2. 中国における大学入試の構造と受験競争

高大接続答申が問題視したわが国の状況と通じると思われるのは最初の2点である。中華人民共和国国務院（2014）の該当箇所は冒頭に改革開放以後の入試制度を総括して，改革の意義を唱えた箇所であるが，その日本語訳は以下のようになっている。

> ……主に点数だけによる選抜は学生の全面的発達に影響し，1つの試験で学生の一生を決定してしまうことは学習負担を重荷にさせ，区域，都市と農村の格差を生じ，特に初中等教育段階の学校選択問題が注目され，偽装の点数加算，規則違反の学生募集問題がしばしば生じる（傍点筆者）。

多様化を志向する中国の大学入学者選抜制度改革であるが，実際には，現在でも全国統一入試で高得点を取ることが大学入学のための唯一の手段であると言っても過言ではない。石井（2018）によれば，各種の入試区分のうち，全国統一入試を受験せずに大学入学が可能なのは推薦入試だが，資格要件を厳格にする方向で規模縮小が図られているという。独自事前選抜では大学独自の試験を課すことができる。社会的な影響は大きいとされているが，それでも全国統一入試が課され，大きなウェイトを占めていることには変わりがない。また，独自に課される筆記試験も全国統一入試よりも難易度が高く，受験勉強の緩和にはつながっていないとされ，規模縮小の方向にある。中国が入試の多様化に向けて試行錯誤してきた様子がうかがえる。

上海市教育考試院提供の資料によれば，1977年の全国統一入試復活の際の合格率は急激に改善し，1985年には30％代半ばとなった。その後，定員抑制政策がとられたようで1991年に底を打つが，1999年には同程度の水準まで回復，高等教育拡大政策が打ち出されてからは急伸する時期と停滞する時期を繰り返しながら，2019年度現在では90％に近づいている。したがって，量的な意味での受験競争の厳しさは劇的に改善されたはずである。しかし，その中で，「双一流大学」[5]といった，政策的に重点を置かれている大学を中

---

5　世界一流大学，学科。1995年に21世紀に向けて約100大学を重点大学として指定する「211行程」と，1998年から始まった，その中でさらに世界一流水準を目指す大学を指定する「985計画」を統合したとされる。

心とした一部の大学に受験生の人気が過度に集中しているのもまた事実である。そして，事実上，全国統一入試で好成績を獲得することのみがそれらのステータスの高い大学に到達する唯一の手段であることが，受験競争を社会問題として深刻化させている，という構図が見て取れる。

上海市における高校生の日常生活の例として示された時間割では，40分授業が9時間組まれている他，7:10開始の朝自習の開始から21:15の夜自習の終了まで間断なく学習時間が続いていた[6]。選抜資料として全国統一入試以外の要素を取り入れ，その重みを拡大していくことが最重要課題となる事情は十分に理解できる。

## 3．わが国の大学入試の構造と高大接続答申の見方

一方，高大接続答申が描くわが国の大学入学者選抜に関する認識は，以下のような記述に現れている。

> ……18歳頃における一度限りの一斉受験という画一化された条件において，知識の再生を一点刻みで問う問題を用いた試験の点数による客観性の確保を過度に重視し，そうした点数のみに依拠した選抜を行うことが……。(p.5)
>
> 特に，18歳頃における一度限りの一斉受験という特殊な行事が，長い人生行路における最大の分岐点であり目標であるとする，わが国の社会全体に深く根を張った従来型の「大学入試」や，その背景にある，画一的な一斉試験で正答に関する知識の再生を一点刻みで問い，その結果の点数のみに依拠した選抜を行うことが公平であるとする……（pp.7-8）
>
> (以上，傍点筆者)。

周知のように，わが国の大学入試の多様化は中国とは異なるプロセスをたどってきた。昭和47年（1972年）に本格的に導入された推薦入試は「出身高等学校長の推薦に基づき，原則として学力検査を免除し，調査書を主な資料として評価・判定する入試方法」である。平成12年度（2000年度）に国公立

6　鄭方賢 (2020).「上海高考综合改革情况介绍」2020年1月13日説明資料（私信）。

大学に導入されてから急速に普及したAO入試と合わせると，平成31年度（2019年度）入試の時点で約47%（私立大学に限ると約54%）がこの2つの入試区分で大学に入学している。さらに，センター試験の受験者数について見ても令和2年度（2020年度）入試では557,699名の志願者があり527,072名が受験したが，そのうちの約1/4はセンター試験の成績を受験に利用していない[7]。したがって，センター試験の影響力は中国の全国統一入試には遠く及ばないと言える。

日本では受験の機会も多い。国公立大学は分離分割方式によって一般入試における2回の受験機会が確保されている[8]。センター試験が利用されるため，センター試験で失敗すると志望する大学への合格可能性が低くなる。しかし，実際には受験機会に制約がない私立大学への進学者が全体の2/3を占めている。

高校生が進学のためにとるストラテジーは多様である。西郡・倉元（2010）は，高校生活を通じて得られた認識や大学入学後の期待によって，大学入学者選抜方法に関する選好が分かれることを示した。山村・濱中・立脇（2019）は，大規模なパネル調査によって「進学校」と「進学中堅校」における生徒の学習行動と進学準備行動，大学入試の学習行動に対する影響力に大きな違いがみられることを示した。大学入試制度改革によって高校生の学習活動を変えることが難しいという指摘は，三位一体改革の基本理念に根本的な疑問を投げかけた。

その一方で，「柄相応主義（竹内，1991）」と称される上昇志向に欠ける現在の子どもたちに対して，高等学校では進学意欲と学習意欲を喚起するためのキャリア教育，進路探究活動が盛んに行われるようになってきた。1年生でオープンキャンパスや模擬講義のような「対面型広報活動」，2年生になると各種のパンフレットやウェブページなど，大学が不特定多数に向けて発信する「発信型広報活動」にアクセスして進学先を絞っていくパターンも見えてきた（林・倉元，2020）。こういった高校教育における努力や長年積み上げられてきたノウハウが，高大接続答申の視野には一切入っていないので

7　内田・橋本（2019）によると平成29年度（2017年度）にセンター試験を受験した高校新卒者のうちセンター試験未利用者は115,020名（24.4%）であった。

8　平成18年度（2006年度）入試以降は，複数の受験機会に推薦，AOを含むことも可となった（国立大学協会，2003）。

ある。

率直に言って，高大接続答申に見られるわが国の社会問題や教育問題の描写は，今の日本よりもかつての日本，そして現在の中国により当てはまるのではないかと感じられてしまう。韓国，台湾，中国，そして，日本の大学入試改革は，似たような地点からスタートして，それぞれの国情を背景に独自の発展を遂げてきた。現在，各国で具現化された大学入学者選抜制度には，大枠で見た類似性と同時にそれぞれの特徴があり，一概に一括りにはできそうもないが，その一方で，根底には「多様化」という政策理念の同型性が看取される。わが国の高大接続答申が，そのわずか3か月前に出された，独自の問題を抱える中国の「実施方針」との間に，不思議な類似性が認められることは，ただの「偶然の一致」ではないだろう。

◆◇◆

## 第５節　まとめ

2014年に中国で公表された「実施方針」は，現在，実行段階に移っている。個々の関心に応じた多様な選択を可能にすることによって，高校生の学習の動機付けを高めたい，ということが「３＋３」方式の導入の大きな理由と感じられる。しかし，当然ながら，改革による副作用も覚悟しなければならない。例えば，先行して新制度が導入された上海市では，「３＋３」の科目選択のため，生徒のキャリアについて教員の丁寧な指導が必要となった。その反面，生物の人気が高く，担当教員が不足するようになった，といった問題も表れているという[9]。今後，科目選択の拡大によって有利不利は生じてこないだろうか。従来の「文系総合」，「理系総合」といった定型化されたパターンからはみ出る科目選択がどの程度進んでいくかも注視していくべきであろう。さらに，日本では常識となっている，高校による進路指導体制の構築が進んでいくか否かも注目に値する。

同じ「多様化」という政策理念で表現されながら，本稿で言及した東アジア４カ国はそれぞれ異なる事情を抱えており，実際には歩んでいる場所も方

9　先述の鄭方賢（2020）。

向も異なっている。韓国では，わが国と同様に受験地獄の主因を学力検査中心の入試制度に求め，徹底的にそこからの脱却を図った。そして，わが国の高大接続答申で描かれた，いわゆる「主体性評価」を中心に据えた制度を実現して久しい。ところが，その成果が問題解決につながるどころか深刻な副作用を招き，八方塞がりの袋小路に行きついてしまったように見える。台湾は，現在でもその韓国の制度をモデルとした改革に突き進んでいるように感じられる。一方，中国はより慎重である。文字通り「学力検査による一発勝負」という問題を抱えて多様化を試みながらも，一気に突き進もうとはしていない。歴史的に文化大革命による停滞期を経験したことが，その慎重な姿勢の背景にあるかもしれない。その結果，学力低下といった副作用が生じない代わり，大学進学を目指す高校生の生活が，いまだに学力検査を指標とした激しい受験勉強による競争で一色に染められているように見える。

すでに選抜方法や受験機会が多様化し，受験生のニーズも多様化しているわが国の現状を考えると，無意識にこれまでの流れに乗って従来からの既定方針をやみくもに推し進めてよいのだろうか。むしろ，わが国においては，入学者選抜制度も受験生の意識においても，かつて目指していた「多様化」のゴールにはすでに到達しているという認識には至るべきではないだろうか。ただし，それが実際に，当時，目標としていた社会問題の解決につながったかどうか，さらに，それによって新たな課題を招来する結果になってはいないか，といった評価はまた別の問題である。

いずれにせよ，実情に応じた具体的な問題解決を図るためには，まずは一歩立ち止まり，冷静に自らの足元を見つめるべきであろう。有効で現実的に機能する改革を始めるためには，少なくとも一定程度は多様化した高校教育と大学入学者選抜の現在のわが国の姿を虚心坦懐に認める必要がある。そして，その上で，現状の問題点について，先入観抜きに客観的かつ多角的に洗い出すところから改革の歩みを始めるべきではないだろうか。

## 文　献

中華人民共和国国務院（2014）．国务院关于深化考试招生制度改革的实施意见　国发（2014），35号．Retrieved from http://www.moe.gov.cn/jyb_xxgk/moe_1777/moe_1778/201409/t20140904_174543.html（2020年３月26日）

中央教育審議会（1969 / 1971）．我が国の教育発展の分析評価と今後の課題，今後に

おける学校教育の総合的な拡充整備のための基本的施策について　大蔵省印刷局

中央教育審議会（2008）．学士課程教育の構築に向けて（答申）平成20年12月24日　文部科学省　Retrieved from http://www.mext.go.jp/b_menu/shingi/chukyo/chukyo0/toushin/__icsFiles/afieldfile/2015/01/14/1354191.pdf（2020年３月26日）

中央教育審議会（2014）．新しい時代にふさわしい高大接続の実現に向けた高等学校教育，大学教育，大学入学者選抜の一体的改革について～すべての若者が夢や目標を芽吹かせ，未来に花開かせるために～（答申）平成26年12月22日　文部科学省　Retrieved from http://www.mext.go.jp/b_menu/shingi/chukyo/chukyo0/toushin/__icsFiles/afieldfile/2015/01/14/1354191.pdf（2020年３月26日）

土井 真一（2020）．中教審公開接続答申から考える　倉元直樹（編）大学入試センター試験から大学入学共通テストへ（pp.8–29）金子書房

呉 念聖（2001）．文化大革命と教育の崩壊　西村和雄（編）ゆとりを奪った「ゆとり教育」（pp. 210–238）日本経済新聞社

呉 文星・陳 舜芬・伍 振鷟（1993）．台湾における高等教育の発展　P. G. アルトバック，V. セルバラトラム（編）馬越 徹・大塚 豊（監訳）アジアの大学――隷属から自立へ――（pp. 348–371）玉川大学出版部

石井 光夫（2014）．中国における「書く力」の養成――大学入試における作文問題を中心に――　東北大学高度教養教育・学生支援機構（編）高等教育ライブラリ８「書く力」を伸ばす――高大接続における取組みと課題――（pp.159–185）東北大学出版会

石井 光夫（2017）．中国の全国統一入試――総合試験と記述式問題を焦点にして――　東北大学高度教養教育・学生支援機構（編）高等教育ライブラリ12　大学入試における共通試験（pp. 185–216）東北大学出版会

石井 光夫（2018）．中国の大学入試個別選抜改革――調査書活用やAO入試の試み――　東北大学高度教養教育・学生支援機構（編）高等教育ライブラリ14　個別大学の入試改革（pp. 227–246）東北大学出版会

石井 光夫（2019）．台湾の2022年入試改革――学習ポートフォリオを活用する「個人申請入学」を主流に――　東北大学高度教養教育・学生支援機構（編）高等教育ライブラリ15　大学入試における「主体性」の評価――その理念と現実――（pp.171–202）東北大学出版会

石井 光夫（2020）．東アジアの大学入試改革――多様化と「基礎学力」保証の両立は可能か――　宮本友弘（編）変革期の大学入試（pp.165–186）金子書房

石川 裕之（2011）．韓国の才能教育制度――その構造と機能――　東信堂

姜 姫銀（2018）．大学入学者選抜制度　小川 佳万・姜 姫銀　高等教育研究叢書139　韓国の高等教育――グローバル化対応と地方大学――（pp.25–44）広島大学高等教育研究開発センター

木村 拓也・倉元 直樹（2006）．戦後大学入学者選抜制度の変遷と東北大学のAO入試　東北大学高等教育開発推進センター紀要，*1*，15–27.

国立大学協会（2003）．平成18年度入試にかかる分離分割方式の改善について平成15年11月12日　Retrieved from https://www.janu.jp/pdf/kankou/h151112.pdf（2021年２月９日）

倉元 直樹（2016）．大学入試制度改革の論理に関する一考察――大学入試センター試験はなぜ廃止の危機に至ったのか――　全国大学入学者選抜研究連絡協議会第11回大会研究発表予稿集，35-40.

倉元 直樹（2017）．大学入試制度改革の論理――大学入試センター試験はなぜ廃止の危機に至ったのか――　東北大学高度教養教育・学生支援機構（編）　高等教育ライブラリ12　大学入試における共通試験（pp.47-82）　東北大学出版会

倉元 直樹・尹 得霞（2021）．わが国の高大接続改革と中国，韓国，台湾の大学入試多様化政策――特に中国の入試改革との同型性，共時性を中心に――　大学入試研究ジャーナル，*31*，83-90.

松本 麻人（2016）．韓国における大学入試改革――新たな「学力」の評価への挑戦――　比較教育学研究，*53*，28-39.

南部 広孝（2016）．東アジアの大学・大学院入学者選抜制度の比較――中国・台湾・韓国・日本――　東信堂

西郡 大・倉元 直樹（2010）．大学進学希望者の高校生が選好する評価方法とは？――「入学者受入れ方針」を検討する上での一視点――　大学入試研究ジャーナル，*20*，35-41.［倉元 直樹（監修）西郡 大（編）（2020）．大学入試の公平性・公正性　第4章に再録］

大塚 豊（1989）．中国――政治変動のはざまで揺れる教育――　馬越徹（編）現代アジアの教育――その伝統と革新――（pp.82-106）　東信堂

大塚 豊（2007）．中国大学研究――変貌する国家の人材選抜――　東信堂

臨時教育審議会（1985）．教育改革に関する第1次答申　大蔵省印刷局

林 如玉・倉元 直樹（2020）．大学進学における進路選択プロセスに関する研究――日本高校生の情報収集活動を中心に――　日本教育心理学会第62回総会発表論文集，77.

佐々木 亨（1984）．大学入試制度　大月書店

竹内 洋（1991）．立志・苦学・出世　講談社

田中 光晴（2017）．韓国における大学入試の多様化とその後　東北大学高度教養教育・学生支援機構（編）　高等教育ライブラリ12　大学入試における共通試験（pp.165-183）　東北大学出版会

内田 照久・橋本 貴充（2019）．センター試験利用による私立大学出願の特徴と年次推移　日本テスト学会誌，*15*，79-97.

馬越 徹（1995）．韓国近代大学の成立と展開――大学モデルの伝播研究――名古屋大学出版会

山本 以和子（2014）．韓国大学入学者選抜の変容――入学査定官制導入後の展開状況――　大学入試研究ジャーナル，*24*，105-111.

山本 以和子（2016）．多面的・総合的評価入試の判定資料に関する日韓比較調査　大学入試研究ジャーナル，*26*，29-36.

山村 滋・濱中 淳子・立脇 洋介（2019）．大学入試改革は高校生の学習行動を変えるか　ミネルヴァ書房

## 謝　辞

本研究の遂行にあたり，石井光夫東北大学名誉教授からいただいた様々なご助言に感謝いたします。韓国の制度については，文部科学省生涯学習政策局参事官付外国調査係専門職員の田中光晴氏にご教示いただきました。心から感謝いたします。また，中国における資料収集にともに携わった宮本友弘教授，秦野進一特任教授，末永仁特任教授のご協力に感謝いたします。

なお，本研究は JSPS 科研費 JP19H05491, JP20K20421の助成による研究成果の一環である。

# 終　章

## 大学入試研究に求められるValidityとValidation

久保　沙織

本書において複数の章（第１・３・４・７・10章）で参照されている「高大接続改革答申」（中央教育審議会，2014）では，「新しい時代にふさわしい高大接続の実現に向けた改革の方向性」の１つとして，「各大学のアドミッション・ポリシーに基づく，大学入学希望者の多様性を踏まえた『公正』な選抜の観点に立った大学入学者選抜の確立」を掲げており，その中で「個別選抜を行う側が，（中略）アドミッション・ポリシーに示した基準・方法に基づく多元的な評価の<u>妥当性・信頼性</u>を高め，説明責任を果たしていく必要がある」と述べられている（下線は筆者）。妥当性と信頼性は，高大接続改革答申にあるように，大学入学者選抜試験で行われている様々な評価の質を検証する上で欠かせない観点であると同時に，大学入試研究においては，それらの検証のために用いられる研究の手法・プロセスそのものに対しても問われる。なぜなら，手法・プロセスの妥当性こそ，研究によって創出されるエビデンスの価値を決定付けるものだからである。

第１章第２節の3.1項でも言及があるように，大学入試を含め，広義のテストによる測定の対象となる「学力」は，「構成概念」の１つである。妥当性とは，意図した構成概念を正しく測定できているかを表す概念であり，直接観測することのできない構成概念を扱う学問領域において，最も重要な概念と言っても過言ではない。測定の質を評価するための，妥当性と対を成す概念として，信頼性がある。信頼性は，測定の安定性・一貫性を表す。信頼性については，古典的テスト理論[1]の枠組みで信頼性係数が定義されており

1　古典的テスト理論とは，複数の項目に対する結果を総合したテスト得点に関する統計的理論と分析を指す。古典的テスト理論とは別に，個々のテストの項目に対する反応に対する統計的モデルに基づく理論や分析があり，項目反応理論とよばれる。この項目反応理論の方が古典的テスト理論よりも後から発展してきたので，これを現代的テスト理論といい，すでにあったテストに関する理論を古典的テスト理論とよんだ。（以上，繁桝，2013）

（第３章第２節の1.2項参照），その推定方法として，再検査法，平行テスト法，折半法，内的整合性による信頼性係数などがある（南風原，2002，pp.78-81; 豊田，1998，pp.178-185など）。一方で，妥当性については，「得点はどのように解釈し利用するのが適切かという点について，実証的・理論的な証拠に照らして総合的に評価される，価値を含んだ判断」（平井，2006，p.29）が求められる。

妥当性という用語は，日常語としても用いられるため，それ故に，心理統計学や教育測定学の文脈で用いられる専門用語としての妥当性の理解を浅はかにならしめているようにも思う。そこで終章では，心理統計学を専門とする筆者の立場から，いま一度妥当性について解説したい。

妥当性の概念の定義および解釈は，この半世紀ほどの間に大きく変わった。その変遷を語る上で，アメリカ心理学会（American Psychological Association: APA），アメリカ教育学会（American Educational Research Association: AERA），全米教育測定評議会（National Council on Measurement in Education: NCMA）が共同で発行している『テストスタンダード』の存在を無視することはできない。1950年代半ばから1970年代にかけて，妥当性は，基準連関妥当性[2]（criterion-related validity），内容的妥当性（content validity），構成概念妥当性（construct validity）の３つの「タイプ」に分けられる，という考え方が主流となり，このことは1996年版の『テストスタンダード』にも明記されている。ここで，基準連関妥当性とは，テスト得点が同様の構成概念を反映していると考えられる外的基準とどれだけ関連するかを表し，内容的妥当性とは，テストの内容が測定したい領域を偏りなく適切に代表しているかを表し，構成概念妥当性とは，構成概念間の関係性として仮定される統合的な理論的仮説が実証されるかを表している。

しかしながら1970年代に入ると，上述した３つのタイプの妥当性を並列に扱い，いずれか１つ以上の妥当性を示しさえすればよいという風潮に変化が見られ始める。Cronbach（1971）は，妥当性を３つのタイプに分類するとい

2　基準関連妥当性と表記されることもある。1954年にAPAが発表したTechnical Recommendations for Psychological Tests and Diagnostic Techniquesでは，予測的妥当性（predictive validity），併存的妥当性（concurrent validity）と，構成概念妥当性，内容的妥当性の４つが示されていたが，1996年版の『テストスタンダード』では，予測的妥当性と併存的妥当性が基準連関妥当性として１つにまとめられた。

う流れを引き継いではいるものの，どれか1つの種類のみを検証すればよいというわけではない，という立場を明確にしている。1974年版の『テストスタンダード』もまた，3つのタイプの妥当性の区別を存続しつつも，それらはあくまでも便宜的な区別であり，互いに操作的あるいは理論的に関連した妥当性の側面であると述べている（Messick, 1989　池田訳 1992）。

そして1985年版の『テストスタンダード』では，妥当性は，テスト得点からなされる特定の推測の適切性，有意味性，有用性を示す単一の概念である，と明記された。1985年版の『テストスタンダード』の編集委員でもあったSamuel Messickは，構成概念妥当性こそ妥当性の概念そのものである，すなわち「構成概念妥当性はテスト得点の解釈や意味に影響するあらゆる証拠の統合を基礎として成り立っている」とし，（構成概念）妥当性とは「テストもしくは他の測定結果に基づいた解釈の適切性について，それを支える実証的証拠や理論的証拠がどの程度あるかに関する，総合的評価である」と定義した（Messick, 1989　池田訳 1992）。かくして，妥当性はいくつかのタイプや種類に分けられるものではなく，単一の統合的な概念であると捉えられるようになった。

妥当性を検証するためには，測定が妥当であるとしたら，具体的にどのような条件が満たされるべきか，という妥当性のための必要条件をリストアップし，それらの条件が実際に満たされているかどうかを確かめるという手続きをとる（南風原，2002）。平井（2006）および村山（2012）より，Messick（1995）で挙げられている妥当性の証拠となり得る6つの側面を下記に示す。

(1) 内容的側面からの証拠
得点が構成概念を十分に代表しているか。旧来の内容的妥当性もここに含まれる。

(2) 本質的側面からの証拠
反応プロセスが心理学的に説明できるか。

(3) 構造的側面からの証拠
得点の内的な構造が構成概念の下位領域や次元性などの理論的構造に一致しているか。

(4) 一般化可能性の側面からの証拠
得点の意味や測定論的特性が，他の被験者集団，実施場面，実施時期，項目セットなどにも一般化できるか。

(5) 外的側面からの証拠

他の変数との間に理論上予測される相関パタンが実際に示されるか。旧来の基準連関妥当性もここに含まれる。

(6) 結果的側面からの証拠

測定結果の解釈に基づいて，どのような行動を起こしたか，あるいはどのような影響を結果として与えたか。

なお，本書の刊行時点での最新版である2014年版『テストスタンダード』は大きく3つのパート（第1部：基礎（Foundations），第2部：運用（Operations），第3部：テストの適用（Testing Applications））から構成されているが，妥当性（Validity）はその第1部の最初の章に位置付けられている。前書きでは，「意図されたテスト利用に向けて，テスト得点の解釈の妥当性を評価するためのガイドラインを提供すること」が本スタンダードの目的の1つであると明記されている。

以上が，妥当性の定義および解釈を巡る歴史的変遷の概要であった。最後に，大学入試研究における妥当性を考えるとき，入試という測定・評価の妥当性を検証することと，そのために用いられる研究の手法・プロセスの妥当性を保証することの2つの観点が必要となることを改めて強調したい。2006年に出版された『Educational Measurement』の第4版では，それまで伝統的に「妥当性（validity）」と表現されていた章タイトルが「妥当化（validation）」に変更され，研究のなかでいかに妥当性を保証するかに焦点を当てた実践的な内容となった（村山，2012）。南風原（2012）では，一般的に「“validation” は『妥当性検討』または『妥当性検証』と訳されることが多いが，『妥当化』と訳されることもある」とした上で，「『妥当性検討』は事後的な検討，『妥当化』は『妥当なものにする』作業を示唆する」と述べている。

入試という測定・評価の妥当性を検証することはすなわち妥当性検討であり，大学入試研究の手法・プロセスの妥当性を保証することは，正に妥当化に相当するのではないだろうか。良質なエビデンスに基づき均衡ある入試を構築していくために大学入試研究に課された使命とは，妥当化された手法・プロセスによって，入試の妥当性を検討していくことに他ならない。

## 文 献

American Psychological Association (1954). *Technical Recommendations for Psychological Tests and Diagnostic Techniques.* Washington, DC: American Psychological Association.

American Psychological Association, American Educational Research Association, & National Council on Measurement in Education (1966). *Standards for educational and psychological tests and manuals.* Washington, DC: American Psychological Association.

American Psychological Association, American Educational Research Association, & National Council on Measurement in Education (1974). *Standards for educational and psychological tests.* Washington, DC: American Psychological Association.

American Psychological Association, American Educational Research Association, & National Council on Measurement in Education (1985). *Standards for educational and psychological testing.* Washington, DC: American Psychological Association.

American Psychological Association, American Educational Research Association, & National Council on Measurement in Education (2014). *Standards for educational and psychological testing.* Washington, DC: American Psychological Association.

Brennan, R. L. (Ed.) (2006). *Educational Measurement* (4th ed). Washington, DC: American Council of Education.

中央教育審議会（2014）．新しい時代にふさわしい高大接続の実現に向けた高等学校教育，大学教育，大学入学者選抜の一体的改革について～ すべての若者が夢や目標を芽吹かせ，未来に花開かせるために～（答申）文部科学省　Retrieved from https://www.mext.go.jp/b_menu/shingi/chukyo/chukyo0/toushin/__icsFiles/afieldfile/2015/01/14/1354191.pdf（2021年３月24日）

Cronbach, L. J. (1971). Test validation. In R. L. Thorndike (Ed.), *Educational Measurement* (2nd ed., pp. 443–507). Washington, DC: American Council on Education.

南風原 朝和（2002）．心理統計法の基礎――統合的理解のために――　有斐閣

南風原 朝和（2011）．量的研究法　臨床心理学をまなぶ７．東京大学出版会

南風原 朝和（2012）．尺度の作成・使用と妥当性の検討　教育心理学年報，*51*，118–130.

平井 洋子（2006）．測定の妥当性からみた尺度構成――得点の解釈を保証できますか――　吉田寿夫（編著）心理学研究法の新しいかたち（pp.21–49）誠信書房

Messick, S. (1989). Validity. In R. L. Linn (Ed.), *Educational Measurement* (3rd ed). Washington, DC: American Council of Education（メシック，S.（1992）．妥当性　池田 央（訳）リン R. L.（編）池田 央・藤田 恵璽・柳井 晴夫・繁桝 算男（監訳）教育測定学原著第３版 上巻（pp.19–145）C.S.L. 学習評価研究所）

Messick, S. (1995). Validity of psychological assessment: Validation of inferences from persons' responses and performances as scientific inquiry into score meaning. *American Psychologist, 50,* 741–749.

村山 航（2012）．妥当性――概念の歴史的変遷と心理測定学的観点からの考察――　教育心理学年報，*51*，118–130.

繁桝 算男（2013）．古典的テスト理論　藤永 保（監修）最新心理学事典（p.212）平凡社

豊田 秀樹（1998）．調査法講義　朝倉書店.

# 執筆者紹介

宮本友弘　（編　者）　序章・第１章

中村高康　（東京大学大学院教育学研究科教授）　第２章

脇田貴文　（関西大学社会学部教授）　第３章

林　篤裕　（名古屋工業大学大学院工学研究科教授）　第４章

島田康行　（筑波大学人文社会系教授）　第５章

安成英樹　（お茶の水女子大学文教育学部教授）　第６章

杉山剛士　（私立武蔵高等学校中学校校長）　第７章

笠井敦司　（青森県立青森高等学校教諭）　第８章

※第９章　討議

司会：秦野進一（東北大学高度教養教育・学生支援機構特任教授）

司会：伊藤博美（東北大学高度教養教育・学生支援機構特任教授）

倉元直樹　（監修者）　第10章

久保沙織　（編　者）　終章

## ●監修者紹介

### 倉元直樹

東北大学高度教養教育・学生支援機構教授。東京大学大学院教育学研究科教育心理学専攻（教育情報科学専修）第１種博士課程単位取得満期退学。博士（教育学）。大学入試センター研究開発部助手を経て，1999年より東北大学アドミッションセンター助教授（組織改編により現所属）。東北大学大学院教育学研究科協力講座教員を兼務。専門は教育心理学（教育測定論，大学入試）。日本テスト学会理事。全国大学入学者選抜研究連絡協議会企画委員会委員。

## ●編者紹介

### 宮本友弘

東北大学高度教養教育・学生支援機構教授。東北大学大学院教育情報学教育部修了。博士（教育情報学）。メディア教育開発センター助手，びわこ成蹊スポーツ大学准教授，聖徳大学准教授，東北大学高度教育・学生支援機構准教授を経て，2020年より現職。東北大学大学院教育学研究科協力講座教員を兼務。専門は教育心理学。日本テスト学会理事。雑誌「指導と評価」（図書文化）編集委員。

### 久保沙織

東北大学高度教養教育・学生支援機構准教授。早稲田大学大学院文学研究科人文科学専攻博士後期課程単位取得退学。博士（文学）。早稲田大学教育・総合科学学術院助手，同大学グローバル・エデュケーションセンター助教，東京女子医科大学医学部助教を経て，2020年より現職。専門は心理統計学，教育評価・測定。日本教育心理学会機関誌「教育心理学研究」編集委員。

本書は JSPS 科研費 JP20K20421の助成を受けて出版したものです。

東北大学大学入試研究シリーズ

# 大学入試を設計する

2021年 5 月31日　初版第 1 刷発行　　［検印省略］

監修者　倉 元 直 樹
編　者　宮 本 友 弘
　　　　久 保 沙 織
発行者　金 子 紀 子
発行所　株式会社 金 子 書 房
〒112-0012　東京都文京区大塚 3-3-7
TEL 03-3941-0111(代)
FAX 03-3941-0163
振替 00180-9-103376
URL https://www.kanekoshobo.co.jp

印刷・製本／藤原印刷株式会社


ISBN 978-4-7608-6105-7　C3337　Printed in Japan